만약 지구에서 그것이 사라진다면?

질문하는 과학책
만약 지구에서 그것이 사라진다면?

초판 1쇄 발행 2022년 4월 18일

지은이 와타나베 가츠아키 | **그린이** 무로키 오스시 | **옮긴이** 정문주 | **감수자** 이정모

펴낸이 윤상열 | **기획편집** 염미희 최은영 | **디자인** 김민정
마케팅 윤선미 | **경영관리** 김미홍
펴낸곳 도서출판 그린북 | **출판등록** 1995년 1월 4일(제10-1086호)
주소 서울시 마포구 방울내로11길 23 두영빌딩 302호
전화 02-323-8030~1 | **팩스** 02-323-8797 | **블로그** greenbook.kr | **이메일** gbook01@naver.com
ISBN 978-89-5588-409-8 73450

이 책의 전부 또는 일부를 이용하려면 저작권자와 그린북의 서면 동의를 받아야 합니다.

어린이제품안전특별법에 의한 표시
품명 어린이 도서 **제조국** 대한민국 **사용연령** 8세 이상 **주의사항** 책 모서리에 다치지 않도록 주의하세요

질문하는 과학책

만약 지구에서 그것이 사라진다면?

와타나베 가츠아키 글 | 무로키 오스시 그림
정문주 옮김 | 이정모 감수

머리말

여러분은 평소 '정답이 없는 문제'에 관해 생각해 본 적이 있나요?

어떤 주제라도 좋아요. '천 년 뒤에 지구는 어떻게 될까?', '우주 밖에는 무엇이 있을까?', '죽으면 어떻게 될까?' 또는 '시간이란 무엇일까?', '전쟁은 왜 사라지지 않을까?' 등 다양한 주제가 있겠지요.

이렇게 정답이 없는 질문은 인간의 내면에서 자연스럽게 우러나오는 것이에요.

하지만 사람들은 정답이 없는 질문에 관해서는 점점 생각하지 않게 되지요. 따져 봐도 답을 모르겠고, 학교 공부나 평소 생활과 크게 관계도 없고, 주위 친구들에게 이야기해도 관심을 끌지 못하니까요.

여러분 대부분은 학교생활이 바빠서 느긋하게 생각할 시간도 없지요? 그래서 궁금한 게 있어도 모르는 채로 덮어 버릴 때가 많을 거예요.

학교 공부는 '정답'을 요구해요. 그리고 여러분은 그 답을 외울 때도 많을 거예요. 토론을 할 때조차 모범 답안이 있을 정도지요.

그런데 어른이 되어서 일할 때는 모범 답안 같은 편리한 도구가 없어요. '정답이 없는 문제'에 더 가까워지는 거지요. 세상의 문제에는 여러 가지 답이 있어서 어떤 아이디어를 내느냐에 따라 생각지도 못한 성과를 낼 수도 있답니다. 그게 바로 어른들의 세계예요.

그렇다고 어른들이 '정답이 없는 문제'만 생각하는가 하면 그렇지는 않아요. 실제로는 일의 성과를 내기 위한 현실적인 문제 해결에 필사적으로 매달려 살지요. 그래서 자기 일과 상관없는 문제를 생각하는 일은 많지 않답니다.

저는 여러분이 '정답이 없는 문제'를 생각했으면 좋겠어요.

학교 선생님도 정답을 모르세요. 부모님께 여쭤봐도 모르실 거예요. 그래도 사람이 살면서 꼭 생각해야 하는 문제들은 분명 '정답이 없는 문제' 속에 있다고 생각합니다.

이 책에서 다룬 '그것이 사라진다면'이라는 일곱 개의 주제는 모두 현실에서는 일어날 수 없는 일들이에요. 몰라도 아무 문제 없고, 학교 시험에도 나오지 않는 이야기지요. 하지만 재미있는 이야기예요. 상상력을 한껏 부풀려서 즐기면서 생각에 빠져 보세요. 여러분이 '정답이 없는 문제'에 관해 생각하는 재미와 그 소중함을 알아주면 좋겠어요.

  한 가지 주의할 점이 있어요. 정답이 없다고 해서 대충 넘기거나 단순한 공상으로 끝내서는 안 돼요. 그래서 이 책에서는 사실로 밝혀진 점들과 체험적으로 확신할 수 있는 것들을 근거로 들어서 최대한 과학적으로, 이치에 맞게 상상력을 발휘했어요.

  이 책의 내용은 제가 저자로서 진지하게 생각해서 끌어낸 '답'이에요. 그러니까 여러분도 책 속에 제시된 '정답이 없는 문제'에 대해 깊이 생각해 보고 여러분 나름의 '답'을 떠올려 보면 좋겠어요.

  그럼 이제부터 마음껏 상상력을 부풀려서 현실에서는 일어날 수 없는 지구의 미래를 떠올려 보기로 해요.

와타나베 가츠아키

이 책의 등장인물

사라

초등학교 6학년 여자아이. 지구의 누나. 남동생을 잘 챙기며 야무지다. 아침잠이 많다. 최근 꾸미기에 눈을 뜨기 시작해 헤어스타일과 피부 미용에 관심이 많다.

지구

초등학교 3학년 남자아이. 사라의 남동생. 생각하기 전에 행동부터 하는 탓에 가끔 누나에게 혼나기도 한다. 탐정 소설을 좋아하고 시험과 표고버섯을 싫어한다.

차례

머리말 ································· 4

제1장 만약 달이 사라진다면?

캄캄해진 밤하늘에 매일 밤 별들의 쇼가 펼쳐진다 ············ 16
갯벌이 사라져 조개잡이를 할 수 없게 된다 ················ 18
물이 정화되지 않아 가까운 바다가 오염된다 ················ 20
북극 또는 남극의 얼음이 점점 녹아내린다 ················· 22
한반도와 일본에서도 백야를 볼 수 있게 된다 ··············· 24
엄청난 강풍이 불어 걷지 못하는 일은 없다 ················ 26
▶ 그 결과, 이렇게 살게 될지도!? ······················· 28

사라와 지구의 소박한 궁금증
"조수 간만이 사라지면 바다 생물은 어떻게 되지?" ············ 31

알아두면 도움되는 보너스 강좌 ①
달이 사라져도 조수 간만이 완전히 없어지는 것은 아니다 ········ 32

알아두면 도움되는 보너스 강좌 ②
갯벌이 사라지면 장어 수가 줄어 장어 값은 더 비싸진다 ········ 33

알아두면 도움되는 보너스 강좌 ③
지구의 자전이 느려진 만큼 달은 더 멀어졌다 ··············· 34

제2장 만약 오존층이 사라진다면?

수소 자동차가 보급되어 환경이 깨끗해진다 · · · · · · · · · · · · · · · 36
강렬한 자외선 때문에 야외 놀이가 어려워진다 · · · · · · · · · · · 38
피부암 사망자가 세계적으로 늘어난다 · · · · · · · · · · · · · · · · · · 40
동식물이 멸종하고 사막이 넓어진다 · 42
온실 효과가 줄어 지구와 대기 온도가 낮아진다 · · · · · · · · · · 44
구름이 지금보다 훨씬 높은 곳에 생긴다 · · · · · · · · · · · · · · · · 46
산소가 자외선과 만나면 다시 오존층이 만들어진다 · · · · · · · 48

▶ 그 결과, 이렇게 살게 될지도!? · 50

사라와 지구의 소박한 궁금증

"선글라스와 자외선 차단제 외에 추천할 차림새가 있을까?" · · · · · · · · · 55

알아두면 도움되는 보너스 강좌 ④

세계 각국의 노력으로 오존홀은 조금씩 회복되고 있다 · · · · · · · · · · · · · 56

제3장 만약 중력이 사라진다면?

물속을 헤엄치듯 공중을 휘젓고 다니게 된다 · · · · · · · · · · · · · 58
웬일인지 코피가 자주 난다 · 60
부딪히지도 않았는데 등뼈가 욱신욱신 아프다 · · · · · · · · · · · 62
몸을 묶어 두지 않으면 어디로 날아갈지 모른다 · · · · · · · · · · 64
공기는 하늘로 흩어지고, 바닷물은 온 세계를 뒤덮는다 · · · · 66
지구가 팽창 끝에 조각조각 분해된다 · · · · · · · · · · · · · · · · · · · 68

▶ 그 결과, 이렇게 살게 될지도!? ·································· 70

사라와 지구의 소박한 궁금증
"원심력 때문에 우리 모두 우주로 날아가 버리지 않을까?" ·········· 73

사라와 지구의 소박한 궁금증
"무중력 상태에서 물은 구를 이루는데
바닷물은 어째서 구를 이루지 않을까?" ······················· 74

알아두면 도움되는 보너스 강좌 ⑤
지구의 인력은 우주 정거장에도 분명히 미치고 있다 ············· 75

알아두면 도움되는 보너스 강좌 ⑥
무중력 공간에 오래 있으면 초점이 맞지 않는 탓에 시력이 나빠진다 ··· 76

제4장 만약 이산화 탄소가 사라진다면?

기온이 낮아져 섬이 물에 잠길 걱정은 사라진다 ················ 78
시장에서 채소와 과일이 사라진다 ·························· 80
산소가 줄어들어 숨쉬기가 어려워진다 ······················ 82
육지, 바다 할 것 없이 동물들이 죽어 간다 ··················· 84
세균이 점령한 별, 지구 ·································· 86
▶ 그 결과, 이렇게 살게 될지도!? ·························· 88

사라와 지구의 소박한 궁금증
"이산화 탄소는 지구 온난화의 원인일까?" ···················· 91

| 사라와 지구의 소박한 궁금증 |
"이산화 탄소가 사라진 지구에서 생물은 얼마나 살아남을까?" ……… 92

| 알아두면 | 도움되는 보너스 강좌 ⑦ |
서식 범위가 바다의 2배!! 암반 속에 있다는 미생물의 세계! ………… 93

| 알아두면 | 도움되는 보너스 강좌 ⑧ |
이산화 탄소는 모습을 바꾸며 지구를 돌아다닌다 ……………… 94

제5장 만약 바닷물이 사라진다면?

사람이 살 수 있는 땅이 지금의 3배로 늘어난다 ………………… 96
해산물 뷔페도 덩달아 사라진다 …………………………… 98
여름은 더 더워지고 겨울은 더 추워진다 ……………………… 100
비가 내리지 않아 전 세계가 바짝 말라 간다 ………………… 102
산 정상만큼 공기가 희박해진다 …………………………… 104
메탄의 온실 효과로 기온이 올라간다 ……………………… 106
미지의 거대 생물이 발견될 수 있다 ………………………… 108
화산 활동이 활발한 거대 산맥이 출현한다 …………………… 110

▶ 그 결과, 이렇게 살게 될지도!? ……………………………… 112

| 사라와 지구의 소박한 궁금증 |
"바다가 갑자기 사라지면 그 자리는 진공이 되는 것 아니야?" ……… 115

| 알아두면 | 도움되는 보너스 강좌 ⑨ |
꽤 많은 것 같지만 바닷물의 양은 의외로 적다 ………………… 116

도움되는 보너스 강좌 ⑩

우리는 해저 지형보다 먼 곳에 있는 화성 표면을 더 잘 안다 ·········117

 도움되는 보너스 강좌 ⑪

바다가 사라지면 맨틀에서 물을 끌어올리게 될지도 모른다 ·········118

제6장 만약 햇빛이 사라진다면?

볕에 타지 않아 뽀얀 피부를 유지할 수 있다 ·········120
밤하늘에서 달과 행성이 사라진다 ·········122
체내 시계의 주기가 흐트러진다 ·········124
비타민 D가 모자라 영양 결핍에 빠진다 ·········126
살균 효과가 사라져 온갖 병이 퍼진다 ·········128
식물이 광합성을 못 해 산소가 사라진다 ·········130
지구 전체가 얼음에 뒤덮인다 ·········132

▶ 그 결과, 이렇게 살게 될지도!? ·········134

사라와 지구의 소박한 궁금증
"만약 햇빛이 아니라 해가 사라지면 어떻게 되지?" ·········137

사라와 지구의 소박한 궁금증
"산꼭대기는 태양과 더 가까운데 왜 춥지?" ·········138

사라와 지구의 소박한 궁금증
"하늘은 낮에 왜 파란색으로 보일까?" ·········139

알아두면 도움되는 보너스 강좌 ⑫

지구가 얼어붙으면 지열 에너지가 대활약을 펼칠 것! ·········140

제7장 만약 자전이 사라진다면?

해가 지지 않아 채소와 과일이 모두 잘 자란다 ·············142
급정거한 지하철 안 승객처럼 앞으로 고꾸라진다 ·············144
대기가 휘돌지 않아 태풍이 발생하지 않는다 ·············146
적도 부근에서 몸무게가 약간 무거워진다 ·············148
낮인 지역은 펄펄 끓고 밤인 지역은 꽁꽁 언다 ·············150
지구 자기장이 사라져 우주의 위협에 그대로 노출된다 ·············152
원심력이 사라지면 완전한 구형을 이룬다 ·············154

▶ 그 결과, 이렇게 살게 될지도!? ·············156

사라와 지구의 소박한 궁금증
"우주에는 자전하지 않는 행성도 있을까?" ·············159

알아두면 도움되는 보너스 강좌 ⑬
자전이 사라지면 지구 자전을 증명하는 푸코 진자의 회전은 멈춘다 ····160

제 1 장

만약 달이 사라진다면?

늘 우리 곁에 있는 달.
그 달이 어느 날 갑자기 사라진다면
어떤 일이 벌어질까요?
이에 대해 사람들은
"지진이나 화산 같은 대규모 재해가 일어난다."
"폭풍이 휘몰아쳐 사람이 살 수 없게 된다." 등
여러 가지 예상을 내놓고 있어요.
정말로 그런 일이 벌어질까요?

이 점이 좋다!!
별들아~
소원을 들어줘♪

캄캄해진 밤하늘에
매일 밤 별들의 쇼가 펼쳐진다

"무슨 태평한 소리냐!"라고 할지도 모르겠네요. 하지만 달빛은 상당히 밝아서 달이 없어지면 밤하늘은 암흑으로 변한답니다. 그리고 어두워진 만큼 밤하늘을 관찰하기는 쉬워지지요.

밤하늘은 도시를 벗어나 산이나 바다로 가기만 한다고 관찰할 수 있는 것은 아니에요. 도시의 불빛이 닿지 않는 장소라도 달이 뜨면 그 빛에 가려서 약한 별빛은 잘 보이지 않기 때문이지요. 그래서 온 하늘을 가득 채운 별들을 보고 싶으면 달이 뜨지 않는 날이나 달이 지고 난 시간대를 골라 산이나 바다로 가야 해요. 조금 번거롭지요.

하지만 만약 어느 날 갑자기 달이 사라진다면, 그런 데 신경 쓰지 않아도 될 거예요. 날만 맑으면 언제든 나가고 싶을 때 나가서 아름다운 별들의 쇼를 볼 수 있겠지요. 신경 쓸 점은 단 하나, 날씨뿐입니다.

은하수나 별똥별도 지금보다 훨씬 더 잘 보일 거예요. 1월에는 사분의자리 유성우, 8월에는 페르세우스자리 유성우, 11월에는 사자자리 유성우, 밤하늘을 가로지르는 우유 빛깔 은하수……. 높은 산이나 바닷가 모래사장에 누워 별이 총총 빛나는 밤하늘을 바라보면 둘도 없는 추억으로 남을 거예요.

그런데 당연한 말이지만, 별 쇼처럼 좋은 일만 생기지는 않겠지요? 여러분이 상상하는 대로 달이 사라진다는 건 엄청난 일입니다. 그래서 온갖 일들이 벌어지게 된답니다.

이 점이 아쉽다…
조개는 다 어디로 갔지?

갯벌이 사라져 조개잡이를 할 수 없게 된다

조개잡이를 할 수 없다는 것 정도로는 위기감이 느껴지지 않는 사람도 있을 거예요. 하지만 이는 '조수 간만'에 관한 중대한 문제랍니다.

달의 인력은 지구의 바닷물을 끌어당깁니다. 그 때문에 지구에서는 조수 간만이 발생해요.

갯벌 아시죠? 밀물 때는 바닷물에 잠기지만, 썰물 때는 공기 중에 드러나는 땅을 말해요. 큰 강의 하구처럼 바다와 육지의 경계 지점에서 많이 볼 수 있지요.

살 곳이 사라진 조개나 게는 대부분 죽을 거예요. 철새도 먹이가 사라지면 살 수 없지요.

제1장 **만약 달이 사라진다면?**

　이 갯벌은 조수 간만의 차가 만들어 내는 지형이에요. 그러니까 달이 사라지면 갯벌도 사라지고, 그 결과 조개잡이도 할 수 없게 돼요.
　조수 간만의 차가 사라지면 갯벌은 더는 바닷물에 잠기지 않게 돼요. 그래서 풀이 자라기 시작해 금세 수풀이 우거진 마른땅으로 변하지요. 그러면 갯벌에 서식하던 조개나 게, 어린 물고기 들은 자취를 감출 거예요.
　갯벌은 바다를 건너는 철새에게는 긴 여행 중에 잠깐 쉴 수 있는 소중한 휴식처이기도 해요. 철새는 갯벌에서 쉬면서 갯지렁이 종류나 작은 게 따위를 잡아먹으며 다음 여행을 준비하지요. 그런데 갯벌이 사라지면 철새는 식량난으로 바다를 건널 수 없을 거예요.
　그뿐만 아니라 조수 간만이 사라지면 바다는 큰 파도가 일지 않는 조용한 모습으로 변할 거예요. 하지만 태풍이나 강풍이 불 때는 갑자기 해수면이 크게 높아지는 '해일'이 발생할 수 있으니 조심해야겠지요.

이 점이 곤란하다…
으악, 큰일이다!
바다가 변한다!!

물이 정화되지 않아
가까운 바다가 오염된다

　갯벌은 물을 깨끗하게 하는 중요한 역할을 해요. 바로 이 점에 주목해 봅시다.

　육지와 바다 사이, 특히 큰 강의 하구에 발달하는 갯벌에는 강물이나 빗물을 타고 육지의 생활 하수가 흘러들어요. 버려지는 물이지만, 눈으로 봐서는 더러운 줄 알아차리기도 어려운 물이지요. 그런데 그 속에는 유기물과 질소, 인 따위가 잔뜩 섞여 있어요.

제1장 **만약 달이 사라진다면?**

 갯벌은 이들 유기물, 질소, 인을 제거해서 물을 깨끗하게 만들어 줍니다. 조금 더 정확하게 말하면, 갯벌에 사는 미생물이 그런 역할을 하지요. 박테리아나 식물 플랑크톤 같은 것 말이에요. 이들 미생물은 물속의 유기물을 분해하고, 질소와 인을 흡수한답니다.
 갯벌에서 이런 정화 작용이 일어날 수 있는 것은 갯벌이 박테리아 같은 미생물이 살기 좋은 환경이기 때문이에요. 주기적인 조수 간만으로 땅이 물 밖으로 드러날 때마다 모래에 산소가 공급되어 미생물이 활발하게 활동할 수 있거든요.
 이처럼 갯벌은 물을 깨끗하게 하는 중요한 역할을 해요. 그런데 만약 달이 사라져 조수 간만이 멈추고 갯벌마저 사라진다면, 육지에서 흘러드는 생활 하수가 가까운 바다를 마구 오염시키게 될 거예요. 한 조사에 따르면, 현재 육지에서 흘러드는 질소의 약 절반은 갯벌 덕에 정화된다고 하니 갯벌이 얼마나 중요한 역할을 하는지 알 수 있지요.

생활 하수가 흘러들면 영양 과다로 플랑크톤이 마구 늘어나요. 그러면 바다에 적조가 생겨 물고기가 죽는답니다.

이 점이 큰일이다!
북극과 남극 얼음에
이런 사정이!?

북극 또는 남극의 얼음이 점점 녹아내린다

지구는 팽이처럼 빙글빙글 돌고 있어요. 이 회전을 '자전', 회전축을 '자전축'이라 부르지요. 현재 자전축은 공전 면에 대해 수직에서 약 23.4도 기울어져 있어요.

지구 자전축의 기울기는 매우 안정적이어서 과거 100만 년 동안 2.4도밖에 변하지 않았지요. 이렇게 안정적일 수 있었던 것은 달이 있었기 때문이에요. 질량이 큰 달이 지구 주위를 돌아 준 덕에 지구도 안정적으로 회전할 수 있었던 거예요.

제1장 **만약 달이 사라진다면?**

만약 달이 사라진다면 팽이가 비틀거리듯 지구의 자전축도 흔들리게 될 거예요. 화성이 좋은 예지요. 화성에는 큰 위성이 없어서 자전축의 기울기가 최대 10도나 변화하는 모습이 관측되었답니다.

자전축이 흔들려서 지구가 지금보다 훨씬 더 옆으로 기울어졌다고 생각해 볼까요? 그렇게 되면 북극과 남극에서는 한여름 태양의 위치가 지금보다 높아져요. 햇빛이 늦은 오후보다 한낮에 강하게 내리쬐듯이, 태양 에너지는 태양의 위치가 높을수록 강하게 전달됩니다. 그러니 지구가 옆으로 더 기울면 북극과 남극의 얼음은 마구 녹아내리겠지요. 단, 이것은 한여름 이야기예요. 한겨울에는 거꾸로 얼음이 마구 늘어날 거예요.

그런데 자전축의 기울기가 지금보다 작아질 수도 있겠지요? 그러면 북극과 남극에서는 태양의 위치가 낮아지기 때문에 지금보다 온도가 더 낮아져서 1년 내내 얼음의 양이 늘어나게 될 거예요.

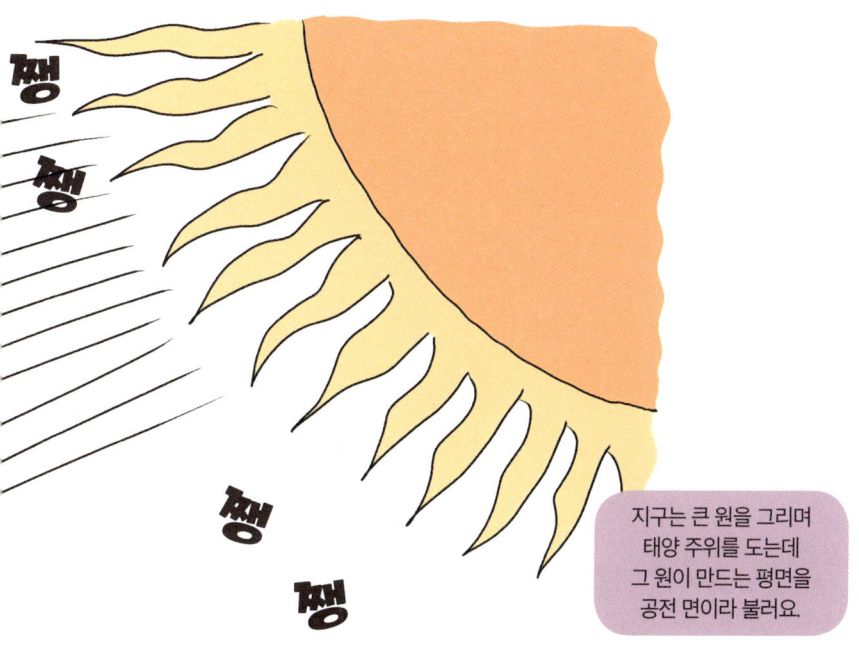

지구는 큰 원을 그리며 태양 주위를 도는데 그 원이 만드는 평면을 공전 면이라 불러요.

이 점이 크게 다르다!
하늘이 내내 밝다고요?!

한반도와 일본에서도 백야를 볼 수 있게 된다

백야란 밤새 해가 지지 않는 현상을 말해요. 노르웨이나 아이슬란드, 그린란드, 알래스카같이 위도가 높은 지방에서 볼 수 있지요.

한반도에서 백야 현상이 나타날 가능성은 달이 사라진 뒤 자전축이 얼마나 기우는지에 달려 있어요.

우리나라의 위도는 대략 북위 33~38도 정도예요. 한반도 전체를 따지면 북위 33~43도에 해당하지요. 한반도에서 위도가 가장 높은 곳, 즉 북

지구 북반구에 각도기를 대면 적도가 0도, 북극이 90도가 되지요. 이렇게 지구상의 위치를 나타내는 각도를 '위도'라고 불러요.

위 43도를 기준으로 잡으면, 자전축의 기울기가 약 47도일 때 한반도 최북단에서는 한밤중에도 아슬아슬하게 태양 빛이 도달한다는 계산이 나옵니다. 밤 12시의 서쪽 하늘이 현재의 해 질 무렵과 같다면 충분히 밝은 것이지요.

정리하자면, 현재 자전축의 기울기인 23.4도에서 약 23도 이상 자전축이 더 눕게 되면 한반도에서도 백야를 볼 수 있다는 말이에요. 단, 달이 사라진 뒤 지구의 자전축이 얼마나 기울지는 사실 아무도 모른답니다.

앞에서 소개한 화성의 예를 떠올려 볼 때, 달이 사라진 뒤 지구의 자전축이 23도 이상 더 기울 거라고 예상하기는 어려워요. 하지만 화성과 지구는 크기와 질량이 모두 다르기 때문에 자전축이 예상보다 더 많이 흔들릴 수도 있어요.

자전축의 기울기에 그렇게 큰 변화가 생기면 우리나라에서도 백야가 나타날 가능성이 있다는 이야기였습니다.

이 점이 예상 밖!
세찬 바람에 날아갈
걱정은 없다!

엄청난 강풍이 불어 걷지 못하는 일은 없다

일어나지 않을 일이면 쓰지 않아도 되겠지만, 굳이 소개하는 데는 이유가 있어요. 달이 사라지면 강풍이 몰아칠 거라고 주장하는 사람이 많아서예요. 그러니까 조금 진지하게 따져 보기로 해요.

그들은 달이 사라지면 지구가 초고속으로 자전할 거라는 근거를 이렇게 내세웁니다.

"달의 인력은 지구의 바닷물을 끌어당기고 있다. 그 결과, 회전하는 지구와 바닷물 사이에 마찰이 일어나 지구의 자전 속도는 점차 느려지고

제1장 **만약 달이 사라진다면?**

있다."

그러니 달이 사라진다는 것은 곧 지구의 자전 속도를 늦추는 작용이 사라진다는 뜻이므로 지구의 자전은 지금보다 빨라질 거라고 주장하는 거지요. 나아가 지구가 초고속으로 자전하는 탓에 지구 표면에 강풍이 몰아쳐서 생물이 살 수 없게 된다는 이야기까지도 해요.

그런데 달이 사라져도 지구의 자전은 빨라지지 않아요. 지구의 자전은 달의 탄생 시기로 여겨지는 약 45억 년 전부터 아주 조금씩 느려졌거든요. 분명 45억 년 전에는 자전 속도가 지금보다는 훨씬 빨랐겠지만 이제 와서 달이 사라진다 해도 45억 년 전의 상태로 돌아가지는 않을 거예요. 달이 사라지더라도 '더는 느려지지 않는' 정도에 그칠 거예요.

만약 '처음부터' 달이 없었다면 지구의 자전은 지금보다 빨라서 사람이 살 수 없는 별로 남았겠지요.

27

이런 미래가 온다!
지하에서 살날이 머지않았다?!

그 결과, 이렇게 살게 될지도!?

① 인공 달을 쏘아 올린다

달이 사라지면 밤하늘이 캄캄해져서 날마다 별 쇼를 볼 수 있다고 했어요. 하지만 별빛만으로는 아무래도 밤이 어두울 거예요. 그래서 사람들은 인공 달을 쏘아 올리게 될 거예요.

실제로 중국에서는 가로등에 드는 전력을 절약하기 위해서 인공 달을 쏘아 올릴 계획을 세웠다고 해요. 인공위성에 태양광을 반사할 거대한 거울을 달아 발사한다는 내용이라고 하지요. 보름달의 약 8배, 작은 글자도 읽을 수 있는 정도의 밝기로 도시를 밝힐 거라고 해요.

② 식량은 인공 재배로

농업에서는 인공 재배가 점점 활발해질 거예요.

자전축이 흔들려서 지구의 기후가 극단적으로 변하면, 지금까지 재배하던 작물들은 그 변화에 적응하지 못해 전멸할 거예요. 그렇게 되면 작물 재배를 위해 환경을 인공적으로 제어할 수밖에 없겠지요.

그러니 쌀과 밀 재배를 비롯한 여러 농업 분야에서 인공 재배를 크게 발달시킬 것으로 예측할 수 있어요. 넓디넓은 농장을 통째로 돔 안에 건설할 수도 있어요.

그와 동시에 인류의 주식도 변하겠지요. 지금은 쌀과 밀이 주식이지만, 이들 작물이 기후 변화에 적응하지 못하고 다른 작물이 적응한다

면 그 작물이 주식이 될 가능성이 높아요. 기후 변화에 비교적 강한 옥수수, 콩, 감자류가 될 수도 있고, 전혀 다른 작물이 등장할 수도 있겠지요.

③ 지하 도시를 건설한다

자전축이 지금보다 옆으로 누우면 한여름은 극단적으로 덥고, 한겨울은 극단적으로 추워질 거예요. 그렇게 되면 냉난방 설비가 있어도 지상에서는 생활하기 어려워지겠지요.

그래서 기온의 변화가 적은 지하로 생활 장소를 옮기게 될 거예요. 즉 지하 도시가 발달한다는 이야기지요.

지하를 벗어나지 못하는 답답함, 지하 도시에 태양광을 끌어들일 방법 등 해결해야 될 문제도 많을 거예요. 그래서 지하 도시를 실현하려면 고도의 기술이 필요하답니다. 하지만 지상에서 살아갈 수 없게 되면, 인류는 살아남기 위한 수단으로 이 방법을 선택할 가능성이 높아요.

> 인류가 지하로 이주하면 인공 달은 필요 없어질지도 모르겠네요.

사라와 지구의 소박한 궁금증 ?

조수 간만이 사라지면 바다 생물은 어떻게 되지?

조수 간만이 사라지면 갯벌이 없어지기 때문에 조개나 게 등은 살아갈 장소를 잃게 되겠지요. 해안에 가까운 얕은 바다에서 살 수는 있지만, 그 범위가 갯벌보다 좁으니까 대부분은 죽고 말 거예요.

또 갯벌에는 여러 종류의 생물이 사는데, 그중에는 갯벌에만 사는 생물도 많아요. 예를 들어 눈이 삐죽하게 나와 있는 길게와 한쪽 집게발만 유난히 큰 농게가 그렇답니다. 물고기인데 지느러미를 이용해 갯벌을 기어 다니는 말뚝망둥어와 짱뚱어, 그리고 '살아 있는 화석'이라 부르는 투구게도 갯벌에서만 볼 수 있어요. 갯벌이 사라지면 이들 생물은 멸종할 것이기에 생물의 종류가 크게 줄어들 거예요.

갯벌을 산란 장소로 이용하는 물고기도 그 수가 줄 거예요. 가자미, 망둥이, 은어 같은 물고기들이지요.

그 외에도 생활 하수가 정화되지 않아 가까운 바다에 영양이 넘쳐서 적조(플랑크톤이 엄청나게 번식하는 현상)가 발생하면, 바닷물 속에 산소가 부족해져요. 그럼 수많은 물고기가 질식해서 죽게 되지요.

알아두면 도움되는 보너스 강좌 ①

달이 사라져도 조수 간만이 완전히 없어지는 것은 아니다

달이 사라지면 달의 인력 때문에 발생하는 조수 간만도 사라져요. 하지만 조수 간만이 완전히 사라지는 것은 아니랍니다. 왜냐하면 조수 간만을 일으키는 힘에는 태양의 인력도 있기 때문이에요.

조수 간만을 나타내는 낱말로는 '만조'나 '간조' 등이 있어요. 만조는 밀물로 해수면이 가장 높이 들어온 상태, 간조는 썰물로 해수면이 가장 낮아진 상태를 말해요.

이외에도 '사리'라는 말을 들어 본 적이 있을 거예요. 사리는, 밀물은 가장 높게 들어오고 썰물은 가장 낮게 빠지는 때를 가리키지요. 만조는 하루에 두 번이지만, 사리는 한 달에 두 번 정도예요. 초승달과 보름달이 뜨는 시기의 며칠 동안 나타나지요. 사리는 태양과 달과 지구가 일직선을 이룰 때 나타나요. 달의 인력과 태양의 인력이 합해진 힘이 바닷물을 끌어당기기 때문에 해수면이 더 높아지는 것이랍니다.

태양은 달보다 거리가 훨씬 멀어서 태양의 인력은 영향력이 작아요. 하지만 이처럼 조수 간만에는 분명한 영향을 미친답니다.

알아두면 도움되는 보너스 강좌 ②

갯벌이 사라지면 장어 수가 줄어 장어 값은 더 비싸진다

장어도 갯벌과 깊은 관련이 있는 생물이랍니다. 어린 장어는 갯벌에서 크기 때문에 갯벌이 사라지면 성장할 곳을 잃고 말아요. 그러니 갯벌이 사라지면 장어 수도 줄겠지요. 그럼 당연히 값도 올라갈 거예요.

장어를 강에 사는 민물고기라고 생각하기 쉬운데, 사실 장어의 산란 장소는 바다랍니다. 장어는 강에 살다가 산란 시기가 되면 깊은 바다를 향해 멀고 먼 거리를 헤엄쳐 가지요.

산란 장소는 바닷속 2~3천 미터나 되는 곳이에요. 우리가 아는 장어는 세계에서 가장 깊은 바다로 알려진 마리아나 해구 부근의 심해에 산란하는 것으로 알려져 있어요. 거기서 부화한 새끼 장어는 바다를 표류해 육지에 접근한 끝에 갯벌에 도달하지요.

그런 다음 새끼 장어는 갯벌의 평온한 환경에서 어린 장어로 성장해요. 그러다가 몸집이 다 크면 강을 거슬러 올라 민물에 사는 거예요.

그러니까 달이 사라져서 갯벌이 없어진다는 것은 장어에게는 어린 시절을 보낼 '요람'이 사라진다는 뜻이랍니다.

알아두면 도움되는 보너스 강좌 ③

지구의 자전이 느려진 만큼 달은 더 멀어졌다

45억 년이라는 아득히 긴 세월을 거치면서 달의 인력은 지구의 자전 속도를 늦추었어요. 지구의 자전 속도가 느려진 것은 한마디로 '지구의 자전 에너지가 달로 옮겨 간 결과'지요.

이게 무슨 말인지 궁금하지요? 지구의 자전과 달의 공전(달이 지구 주위를 도는 운동)은 밀접한 관련이 있어서 사실 지구와 달의 회전 운동 에너지를 합한 값은 늘 일정하답니다. 그래서 지구의 자전이 느려지면 그만큼의 에너지가 달로 갔다고 할 수 있어요.

이것이 달의 공전 속도가 빨라졌다는 말은 아니에요. 빨라진 것이 아니라 달이 더 먼 궤도를 도는, 즉 에너지가 큰 공전을 하게 되었다는 뜻이거든요.

다시 말해 지구의 자전이 느려진 만큼 달이 더 멀어져, 지구와 달은 전체 회전 운동의 균형을 이루고 있다는 이야기예요.

실제로 관측해 보면 달은 1년에 약 3센티미터씩 지구에서 멀어지고 있다고 하네요.

제 2 장

만약 오존층이 사라진다면?

자외선으로부터 우리를 지켜 주는 오존층.
한때는 프레온 가스 배출로 인한
오존층 파괴가 심각한 사회 문제였지요.
오존층은 상공 10~50킬로미터의 성층권을 구성하는
대기의 일부로, 지구 생명체에게는
그 무엇과도 바꿀 수 없는 보호막이에요.
그런 오존층이 사라진다면
과연 어떤 일이 벌어질까요?

이 점이 좋다!!
하~ 날마다
상쾌한 공기!

수소 자동차가 보급되어 환경이 깨끗해진다

수소 자동차란 수소를 연료로 삼아 달리는 자동차를 말해요. 휘발유 차량처럼 이산화 탄소와 유해 가스를 배출하지 않기 때문에 차세대 친환경 자동차로 주목받고 있지요. 수소는 태워도 물만 나오기 때문에 배기 가스로 환경이 오염될 우려가 없어요. 게다가 연료로 쓰이는 수소는 물을 전기 분해 해서 얻기 때문에 휘발유 차량처럼 자원 고갈을 걱정할 필요도 없지요.

제2장 만약 **오존층**이 사라진다면?

그런데 산화 타이타늄이라는 물질에 자외선(햇빛)을 쐬면 물의 전기 분해와 똑같은 반응이 일어난답니다. 이건 예전부터 널리 알려진 사실이었어요. 어려운 말로는 '광촉매 반응'이라고 하는데, 이 반응을 이용하면 태양의 자외선만으로도 물에서 수소를 생산할 수 있어요. 아주 간단하게 말이죠. 더구나 전기 분해와 달리 특별한 전력도 필요하지 않답니다.

다만, 아쉽게도 산화 타이타늄을 이용한 광촉매 반응은 효율이 낮아서 지금의 자외선 강도로는 수소 생성을 실용화할 수 없어요.

그런데 만약 오존층이 사라져서 자외선이 지금보다 훨씬 강해지면 어떻게 될까요? 그때는 광촉매 반응을 이용해서 훨씬 많은 수소를 생산할 수 있겠지요? 더군다나 햇빛은 공짜잖아요. 돈이 들지 않아요!

저렴하게 많은 양의 수소를 생산하면 수소의 연료 가치는 엄청나게 높아질 거예요. 그 결과 수소 자동차는 더 많이 보급되고 환경은 더욱 깨끗해지겠지요.

이 점이 별로…
아침 햇살이
너무 따가워!

강렬한 자외선 때문에
야외 놀이가 어려워진다

당연한 말이지만, 오존층이 사라지면 강렬한 자외선이 지상에 내리쬐기 때문에 심각한 화상을 입을 수 있어요. 그래서 야외에서 놀기는 어려워질 거예요.

또 강렬한 자외선은 백내장이라는 눈병도 일으키기 때문에 외출할 때는 어른, 아이 할 것 없이 선글라스를 꼭 써야 하죠. 코로나바이러스가 유행할 때 마스크를 쓰듯이 그때는 늘 선글라스를 들고 다녀야 할 거예요.

자외선은 전자파의 일종이에요. 인체에 미치는 영향에 따라 A(UVA), B(UVB), C(UVC) 세 가지로 구분한답니다.

먼저 엄청난 위력이 있는 자외선 C는 오존층에 완전히 차단되므로 지상에는 도달하지 않아요. 다음으로 피부에 빨갛게 화상을 입히는 자외선 B는 오존층이 99.5% 막아 줘요. 마지막으로 피부를 검게 태우는 자외선 A는 오존층이 94.4% 막아 줘요. 지상으로 쏟아지는 자외선은 전체의 5.6% 정도지요. 이 자외선은 피부 노화를 일으켜요.

다시 말해, 오존층이 있는 지금도 자외선이 내리쬐고 있지만, 그 강도와 양은 자외선 전체를 생각할 때 극히 일부예요. 비교적 약한 자외선이 우리에게 조금 도달하는 것이죠.

만약 오존층이 사라진다면, 자외선은 지금과는 비교도 되지 않을 엄청난 위력으로 인체에 피해를 줄 거예요. 그러니 무방비 상태로 외출하면 절대 안 되겠죠.

> 자외선 B는 쬐기만 해도 우리 몸속에 비타민 D가 생기는 장점도 있답니다.

이 점이 무섭다…
피부 노화라고?
그럴 수는 없어!

피부암 사망자가 세계적으로 늘어난다

강렬한 자외선이 일으키는 문제는 화상이나 눈병으로 끝나지 않아요. 자외선은 피부암의 원인이 되기도 한답니다.

햇빛 화상으로 피부 세포가 손상되면 서서히 탄력이 없어지고 기미와 주름, 사마귀 등이 늘어나요. 나이가 들어서 나타나는 피부 노화 현상(자연 노화)과 비슷하기 때문에 '광노화'라고 부르지요. 하지만 원인은 자외선이에요. 나이와 관계없이 자외선을 오래 쬐면 이 현상이 나타난답니다. 그리고 이 광노화는 피부암의 원인이 되기도 해요.

제2장 만약 **오존층이 사라진다면?**

　게다가 자외선으로 심하게 손상된 피부는 면역력이 떨어져서 한번 생긴 암세포를 억제할 수가 없다고 해요. 사실 암세포는 건강한 사람의 몸에서도 '생겼다가 사라지기'를 수없이 반복해요. 그런데 우리 몸에서는 새로 생긴 나쁜 세포를 파괴하는 '면역' 작용이 일어나서 건강한 몸은 암세포를 바로 파괴해 버리지요.

　하지만 면역에 문제가 생겨 암세포가 너무 많아지면 큰 병에 걸려 증상이 나타나게 돼요. 강력한 자외선 때문에 피부 면역력이 떨어지면 피부암 세포가 늘어나기 쉬워지는 것이에요.

　특히 직업상 야외에서 보내는 시간이 긴 사람은 조심해야 해요. 예를 들어 농민, 어민, 운동선수, 건설 현장 작업자 등이 그래요. 외국에서는 유목민이나 나무가 적은 지역에 사는 사람들도 피부암에 걸릴 위험이 크다고 해요.

이 점이 위험하다!
피할 곳도 없고 큰일이네….

동식물이 멸종하고 사막이 넓어진다

여기서 잠깐 지구의 역사를 짚어 볼까요? 지구는 지금으로부터 약 46억 년 전에 탄생했어요. 처음에는 흐물흐물 녹아 있는 마그마 덩어리였다가 온도가 내려가면서 암석과 바다가 생겨났지요. 지금으로부터 약 38억 년 전에는 최초의 생명이 나타나 바다에서 번성했어요. 그 후, 동식물이 육지로 진출한 것은 최초의 생명이 탄생한 뒤 34억 년 이상 지난 시점, 그러니까 지금으로부터 약 4억 년 전이었어요.

생명의 탄생은 그야말로 기적이었어요. 지구가 생긴 뒤 생명 탄생의 기적이 일어나기까지 걸린 시간은 8억 년이었는데, 생명이 탄생한 뒤 육

> 강렬한 자외선은 생물의 유전자인 DNA까지 파괴해 버린답니다.

> 자외선은 위험해.

> 온 천지가 모래사막으로 변했군.

지로 진출하기까지 걸린 시간은 무려 34억 년 이상이었으니까요. 정말 오랜 시간이 걸렸죠? 그만큼 생명체가 바다에서 육지로 올라오기 힘들었다는 뜻이에요.

생명체가 그 오랜 세월 육지로 진출하지 못한 가장 큰 이유는 육지에 강력한 자외선이 내리쬐고 있었기 때문이랍니다. 바닷속은 수심 10미터만 넘어가도 자외선이 도달하지 않아 생명체가 살기에 매우 안전한 장소였던 것이지요.

생명체는 육지로 진출하기 위해 오존층이 만들어지기를 기다려야 했어요. 그런데 약 30억 년 전에 탄생한 '남세균'이라는 광합성 세균이 산소를 만들기 시작했어요. 그 덕에 산소로부터 오존이 만들어지고 오존층이 생겼지요. 그리하여 드디어 생명체가 육지로 진출할 수 있게 되었답니다.

어때요? 지구의 역사를 살펴보니 오존층이 사라지면 지상의 생물은 살아남을 수 없다는 사실을 알 수 있겠지요? 동물뿐 아니라 식물도 거의 전멸할 거예요. 그리고 그 결과, 사막은 크게 넓어질 거예요.

사막에는 모래사막 외에 돌사막도 있답니다.

이 점이 달라진다!
북극곰은 좋겠네.
시원해진대~

온실 효과가 줄어
지구와 대기 온도가 낮아진다

'온실 효과'란 대기 중의 수증기와 이산화 탄소 등이 지구 표면에서 나오는 적외선을 흡수한 뒤, 흡수한 적외선을 다시 지상으로 방출해 지구 표면을 데우는 현상을 말해요. 수증기와 이산화 탄소 같은 이른바 '온실가스'가 지구 온난화의 원인으로 지목받는 데는 이런 이유가 있지요.

그런데 오존에도 온실 효과가 있어서 오존층이 지상으로 적외선을 방출해요. 그러니 만약 오존층이 사라진다면 오존이 일으키는 온실 효과도 사라져서 그만큼 지구가 식고, 평균 기온도 낮아지겠지요?

다만, 오존층 때문에 발생하는 온실 효과는 대기 중의 수증기나 이산화 탄소, 메탄 같은 온실가스가 일으키는 온실 효과보다 그 영향력이 작아요. 그래서 오존층이 사라진다고 해서 지구의 평균 기온이 아주 많이 낮아지지는 않을 거예요.

그 외에 오존층은 자외선을 흡수해서 성층권(상공 10~50킬로미터 부근)을 데우는 작용도 하니까 오존층이 사라지면 지금보다 성층권의 온도도 낮아질 것으로 예상돼요. 전자파의 일종인 적외선은 온도가 높을수록 강하게 방출되니까 성층권의 온도가 낮아지면 그만큼 온실 효과도 줄어들겠지요.

성층권에는 온실가스가 많지 않지만, 성층권의 수증기가 지구 온난화에 미치는 영향은 크다는 연구 결과가 있어요. 이런 점을 생각해도 오존층이 사라지면 지구의 평균 기온이 낮아지리라는 것은 쉽게 예상할 수 있어요.

이래서 하늘을 보게 돼!
점점 더 위로 올라간다!!

구름이 지금보다 훨씬 높은 곳에 생긴다

지구의 대기는 몇 개의 층으로 나눌 수 있는데, 지상에서 대략 10킬로미터 높이까지를 '대류권'이라 불러요. 대류권은 대기의 움직임이 활발해서 구름이 생기고 비가 내리지요.

또 대류권에서는 높이 올라갈수록 기온이 낮아져요. 그래서 지면 가까이에서 데워진 가벼운 공기가 위로 올라가면 대류권의 높은 곳에서 차가워집니다. 그러면 공기 속에 포함된 수증기가 작은 물방울로 변해 구름을 이루어요. 이것이 바로 구름이 만들어지는 기본 원리랍니다.

한편 대류권보다 위에 있는 '성층권'에서는 위로 올라갈수록 온도가 높아집니다. 온도가 낮은 아래쪽 공기는 무거워서 위로 올라가지 못하고, 공기의 흐름이 생기지 못하니 구름이 만들어지지 않는답니다.

그럼 왜 성층권에서는 위로 갈수록 온도가 높아질까요? 그것은 오존층이 있기 때문이에요.

오존층이 자외선을 흡수하기 때문에 자외선의 에너지로 인해 성층권 온도가 높아지는 것이지요. 그리고 자외선은 고도가 높을수록 강하기 때문에 성층권 안에서는 맨 위쪽이 가장 따뜻해요. 그래서 성층권은 상공으로 올라갈수록 온도가 오르는 구조예요.

만약 오존층이 사라지면 성층권의 온도 분포는 대류권과 같은 대기의 구조를 띠게 될 거예요. 그렇게 되면 성층권에도 구름이 생기겠지요. 다시 말해 지금보다 훨씬 높은 곳에 구름이 뜨게 된다는 말이지요.

'구름이 높아졌다'라는 말은 더 높은 곳에도 구름이 떴다는 뜻이지 아래쪽 구름이 없어졌다는 뜻은 아니랍니다.

이 점은 그대로!?
산소가 없으면
큰 손해라고요!

산소가 자외선과 만나면
다시 오존층이 만들어진다

사실 오존층이 사라지더라도 대기 중에 산소가 있으면 오존층은 새로 만들어져요. 시간도 그리 오래 걸리지 않고요. 왜냐하면, 오존과 산소는 같은 원자로 이루어진 물질이라 친척 같은 사이거든요.

먼저, 대기 중에 약 21% 정도를 차지하는 기체인 산소는 산소 원자 2개가 결합한 것으로 이를 산소 분자라 불러요. 산소 분자는 자외선을 만나면 순간적으로 산소 원자 둘로 쪼개진답니다. 그리고 오존은 산소

산소 분자(O_2) 셋이 오존 분자(O_3) 둘을 만들어요.

원자가 3개 결합한 것인데, 쪼개진 산소 원자 하나와 산소 분자가 결합해서 오존 분자를 이루어요.

오존층이 사라진 지구에서는 강력한 자외선이 대기 중으로 쏟아지기 때문에 산소는 자외선과 격렬한 충돌을 일으키게 될 거예요. 그 결과 오존 생성 반응이 연달아 일어나는 것이지요.

지금으로부터 38억 년 전, 생명이 탄생한 직후의 초기 지구에는 산소가 없었어요. 그래서 오존층이 만들어지기까지는 33억 년이 넘는 긴 시간이 걸렸어요. 광합성을 하는 최초의 생물인 남세균이 나타나 바다에 풍부한 산소를 방출했고, 그 산소가 대기 중으로 공급됐으니까요.

그러나 지금은 대기 중에 이미 산소가 있어요. 이 산소들이 오존을 만들 것이기 때문에 오존층이 사라진다 해도 비교적 빨리 회복될 것으로 예상된답니다.

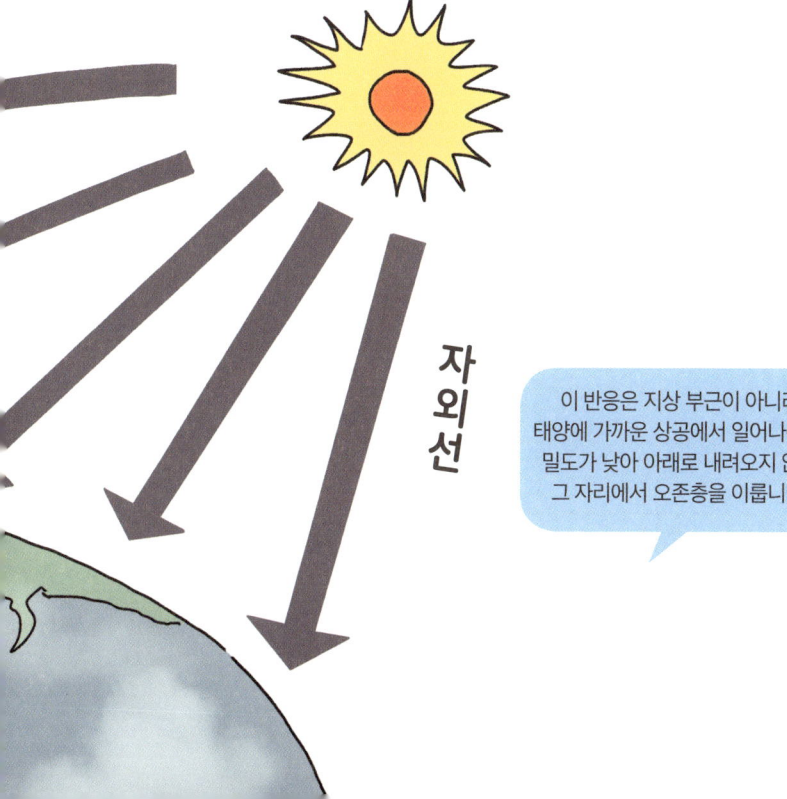

이런 미래가 온다!
바닷속은 쾌적해?
좋지도, 나쁘지도….

그 결과,
이렇게 살게 될지도!?

① 자외선 차단 대피소를 만들어 동식물을 보호한다

강렬한 자외선 아래에서는 그 어떤 동식물도 살아남기 어렵지요. 그러니 서둘러 자외선 차단 대피소를 만들어 한 마리라도 더 많은 동물을 보호해야 할 거예요. 아마도 외부를 차단하는 투명한 지붕을 만들어서 동물원, 목장, 그 외의 장소에 있는 동물까지 보호하게 되겠지요.

그런데 대피소가 외부와 완벽히 차단되면, 내부에 비가 내리지 않을 것이므로 물을 공급할 방법도 함께 찾아야겠죠. 예를 들어 빗물을 탱크에 저장했다가 피난처 천장에서 인공 비를 내리게 하는 방법 말이에요.

또 지상뿐 아니라 지하 도시나 해중 도시가 발달할 가능성도 있어요. 지하는 강한 햇빛을 피할 수 있고, 물속도 대략 10미터 이상 깊이에는 자외선이 도달하지 않으니 안전하지요. 해중 도시를 감쌀 돔을 투명한 아크릴 유리로 만들면 바다 밖에서 들어오는 빛도 끌어들일 수 있을 거예요.

둘 다 비용이 많이 들겠지만, 지상의 자외선 차단 대피소와 함께 효과적인 대책이 될 수 있지 않을까요?

> 해중 도시는 심해가 아니라 수심 20~50미터의 얕은 해저(바다의 밑바닥)에 만들어질 거예요. 너무 깊은 바다는 수압이 높아 공사가 어렵겠지요.

이런 미래가 온다!
충격적인 메뉴,
온통 생선뿐인 식탁!

그 결과,
이렇게 살게 될지도!?

② 햇빛을 피한 저녁형 생활

자외선 차단 대피소를 만든다 해도 넓은 땅을 다 덮으려면 시간이 오래 걸릴 거예요. 그러니 대피소를 만들 때까지 사람들은 햇빛을 피해 저녁형 생활을 하게 되겠지요?

햇빛이 약해지는 저녁녘에 일어나 밤 동안 일하고, 새벽에 잠드는 생활 말이에요. 대피소를 만드는 공사도 밤, 어업도 밤, 사무실에서 일하는 사람들도 밤에 출근하게 될 거예요. 어쩔 수 없이 낮에 외출할 때는

생선만 먹으면 인어가 되나?

사라

짙은 선글라스와 강력한 자외선 차단제로 완전히 무장해야 하고요.
또 생활의 중심이 될 밤을 쾌적하게 보내기 위해 에너지 절약형 전등을 많이 설치하게 될 거예요. 어쩌면 밤하늘을 밝힐 인공위성(인공 달 같은 것)을 쏘아 올릴지도 모르겠네요.

③ 주식은 어패류

강렬한 자외선 때문에 육상의 동식물 대부분이 살아남지 못하므로 지금껏 주식으로 먹었던 쌀과 밀은 수확할 수 없게 될 거예요. 아니, 그 정도가 아니라 땅에서 생산하던 모든 음식물이 사라질지도 모르지요. 채소, 과일뿐 아니라 육류, 달걀, 감자, 유제품까지도 말이에요.
분명 심각한 식량난이 닥칠 거예요. 그런데도 인류가 살아남는다면, 그건 아마 인류가 주식으로 해산물을 먹기 때문일 거예요. 어패류와 해조류 같은 식품이죠.

수심 10미터 이상의 바다와 호수에 사는 생물은 자외선의 영향을 받지 않기 때문에 수산 자원은 남아 있을 거예요. 모래사장에 숨어 있는 조개 등도 어느 정도는 살아남을 거고요.

단, 물고기가 전혀 피해를 보지 않는 것은 아니에요. 물고기의 귀중한 식량인 플랑크톤이 바닷물 표면 가까이에서는 살 수 없기 때문이지요. 자외선을 피하려면 광합성에 불리한 깊은 장소로 이동해야 하기에 전체적으로 플랑크톤의 수는 줄어들 거예요. 따라서 먹이 사슬의 가장 아래 단계인 플랑크톤을 먹고 사는 물고기도 그 수가 줄어들 것으로 예상된답니다.

④ 수소가 에너지의 주역으로

강렬한 자외선 덕에 수소를 많이 생산할 수 있게 되면, 수소 에너지가 에너지의 주역이 될 거예요. 그럼 수소 자동차가 보급될 뿐 아니라 화력 발전이나 원자력 발전을 대신해 수소 발전을 이용할 수 있겠지요.

수소는 폭발에 가까운 연소를 일으키는 성질이 있어요. 순식간에 엄청난 기세로 타오르기 때문에 연소를 제어할 고도의 기술이 필요하지요. 그런데 수소를 태워서 터빈을 돌리는 발전 방법은 이미 완성되어 있답니다. 터빈이 무엇이냐고요? 터빈은 기체의 흐름을 기계적인 힘으로 바꾸는 장치예요. 이 터빈을 돌려 전력을 생산하지요.

사라와 지구의 소박한 궁금증 ?

선글라스와 자외선 차단제 외에 추천할 차림새가 있을까?

오존층이 사라져서 온 세상에 자외선이 마구 내리쬐면 야외 놀이는 불가능해져요. 하지만 어쩔 수 없이 밖으로 나가야 하는 상황도 생길 거예요. 그럴 때는 어떤 차림을 하면 좋을까요?

선글라스와 자외선 차단제만으로는 충분하지 않아요. 기본적으로 온몸을 뒤덮는 옷을 입어야 하죠. 마치 서바이벌 게임을 할 때처럼 말이에요. 중요한 건, 눈 말고는 피부가 드러나지 않도록 옷으로 푹 감싸야 한다는 점이에요. 긴소매, 긴바지에 장갑도 꼭 껴야 하고, 선글라스도 눈 주변을 완전히 덮을 수 있는 고글형이 좋아요. 물론 자외선 차단 기능이 있어야 해요.

또 옷 색깔은 흰색에 가까운 옅은 색보다 검은색에 가까운 짙은 색이 좋아요. 자외선을 통과시키지 않는 가장 좋은 색은 검은색이에요.

옷감도 중요해요. 아무리 짙은 색 옷이라도 빛이 통과할 만큼 얇은 천이나 짜임이 성글어서 빛이 새어 들어오는 천은 좋지 않아요. 더워도 꾹 참고, 빛을 완벽히 차단할 수 있는 옷감을 골라야 한다는 점을 기억하세요.

> 알아두면 도움되는 보너스 강좌 ④

세계 각국의 노력으로 오존홀은 조금씩 회복되고 있다

오존층 이야기를 하다 보면 '오존홀' 이야기가 꼭 따라 나오죠. 오존홀이란 남극 상공에서 오존의 양이 극단적으로 적어지는 현상이에요. 인공위성 데이터를 보면, 오존층에 구멍(홀)이 뚫린 것처럼 보이기 때문에 그렇게 부르는 거랍니다.

오존홀의 존재는 1980년 무렵에 널리 알려졌어요. 냉장고와 에어컨에 쓰이는 프레온 가스 배출이 오존홀이 발생한 주된 원인이라고 밝혀졌지요. 1987년에는 프레온 가스 사용을 제한하는 국제적인 움직임이 일어나 전 세계 약 200개 국가가 동참했어요.

급속히 커진 오존홀은 그 뒤 서서히 확대 속도가 줄어들다가 드디어 2000년 무렵부터 조금씩 작아지고 있어요.

오존홀은 남반구의 늦겨울~봄에 해당하는 매년 8~9월에 나타나요. 2020년 9월에 관측된 오존홀의 크기는 남극 대륙 면적의 1.8배 정도였어요.

아직은 그 크기가 크지만, 앞으로도 세계 각국이 힘을 모은다면 오존홀 문제를 극복할 수 있지 않을까요?

제 3 장

만약 중력이 사라진다면?

우리를 지구 표면에 붙어 있게 하는 중력.
사과가 나무에서 떨어지듯 지구상의 모든 물체는
중력이라는 물리 법칙의 지배를 받아요.
그런 중력이 사라진다면
우리가 사는 세상은 어떻게 될까요?

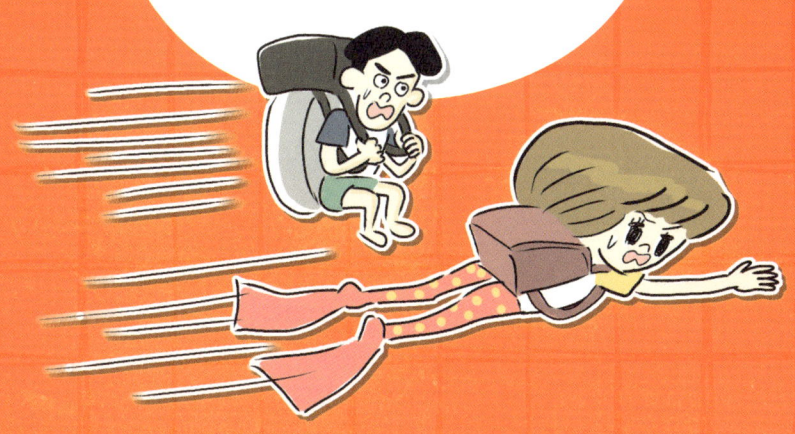

이 점이 좋다!!
몸이 자유로워진다♬
영원히 날고 싶어~

물속을 헤엄치듯 공중을 휘젓고 다니게 된다

중력이 사라져 몸이 '둥둥실' 떠오르면 마치 물속을 헤엄치듯 공기 중을 휘젓고 다닐 수 있을 거예요. 이른바 '공중 유영'이 가능해진다는 말이지요.

그런데 공기는 물보다 가벼워서 자유형이나 평영을 할 때처럼 팔을 휘젓는다고 해도 앞으로 나아가기가 몹시 어려울 거예요. 느긋하게 바람에 몸을 맡기는 게 차라리 맘 편할지도 모르지요. 하지만 그렇게 해서는 원하는 곳으로 이동할 수가 없겠죠.

제3장 만약 **중력이 사라진다면?**

그러니 이동하기 위해서는 잠수부처럼 오리발을 쓰거나, 새의 날개 같은 커다란 부채를 쓰거나, 또는 잠수함의 프로펠러를 대신할 선풍기 같은 것을 이용해야 할 수도 있어요. 그래야 공기를 밀어서 자기 몸이 추진력을 얻을 수 있을 테니까요.

또 중력이 사라지면 우리 몸을 아래로 잡아당기는 힘이 없어서 체중계에 올라가도 몸무게는 0킬로그램이 나올 거예요. 아! 몸이 둥둥 떠다니니까 체중계에 올라설 수도 없겠네요.

높은 건물에서 뛰어내려도 괜찮을 것이고, 발밑이 푹 꺼진 곳을 내디뎌도 고꾸라지지 않을 거예요.

세상이 그렇게 변하면 정말 재미있겠지요?

하지만 중력이 사라지면 역시 곤란한 점도 많이 생길 거예요. 어떤 일이 벌어지는지 계속해서 살펴보기로 해요.

이 점이 매우 강렬해!
이야기 도중에도 코피가 주르륵~

웬일인지 코피가 자주 난다

중력은 사람의 혈액을 몸 아래쪽으로 끌어당겨요. 그래서 중력이 사라지면 혈액이 머리 쪽으로 쏠리기 쉬워서 코피가 잘 나게 된답니다.

'머리 쪽에 혈액이 쏠리는' 상황을 이해하려면 물구나무서기를 하거나 머리를 아래로 하고 철봉에 매달릴 때를 상상하면 돼요. 그런데 그런 자세를 오래 유지하면 얼굴이 빨개지니까 주의하세요.

일반적으로 중력이 있을 때는 우리 몸 전체에 혈액을 공급하기 위해 심장이 열심히 일해요. 심장이 일하지 않으면 혈액이 몸 아래쪽으로만 흘러갈 테니 심장이 펌프질을 세게 해서 몸의 위쪽으로도 혈액을 보내 주는 것이지요. 그러니까 심장은 중력을 거슬러서 온몸에 혈액을 공급하는 거예요.

그런데 갑자기 중력이 사라지면 심장은 힘들이지 않고도 혈액을 공급할 수 있게 돼요. 어쩌면 힘이 들지 않다 보니 너무 많이 보낼 수도 있어요. 중력이 없는 상태에서 지금과 같은 펌프질은 너무 세니까요.

물론 끊임없이 코피를 흘리지는 않겠지만, '코피가 쉽게 터진다'고 말할 수는 있어요. 우주 비행사들도 우주 공간에서는 코피가 잘 난다고 해요. 그래서 코피를 대수롭지 않게 여긴답니다.

하지만 중력이 사라진 뒤에도 인류가 살아남으려면, 심장이 서서히 작아지고 펌프질도 약해져서 중력이 없는 상태에 적응해야 할 거예요.

모든 사람이 코피를 흘리는 것은 아니에요. '코피가 쉽게 난다'는 것뿐이랍니다.

여기가 아프다…
넌 등에 연골이
몇 개나 있니?

부딪히지도 않았는데 등뼈가 욱신욱신 아프다

사람의 등뼈는 일어서 있을 때는 중력 때문에 상하 방향으로 눌려 있어요. 등뼈는 블록 형태의 뼈들이 목부터 허리까지 24개 쌓인 모양인데, 완만한 S자를 그리면서 활처럼 휘어 있지요. 블록 형태의 뼈와 뼈 사이에는 연골이 들어 있고요.

등뼈의 S자 곡선은 체중을 잘 떠받치기 위해 굽어 있답니다. 목과 허리에 부담이 많이 가지 않도록 중력을 분산시키는 구조를 이루는 것이지요. 그러니까 등뼈는 중력 때문에 상하 방향으로 눌리면서도 열심히 우리 몸을 지탱해 준다는 말이에요.

자, 이 상태에서 중력이 사라지면 갑자기 등뼈에 걸리던 상하 방향의 부담도 사라지겠지요? 등뼈가 눌릴 일이 없어지는 거예요.

원래 연골에는 수분이 많이 들어 있어서 우리가 서 있는 동안 상하로 눌릴 때는 적당히 수분이 빠지고, 누워서 잘 때는 다시 수분이 보충돼요. 그런데 중력이 사라지면 블록 형태의 뼈와 뼈 사이, 즉 연골 부분에 가해지던 힘도 사라져서 수분이 보충되기만 할 거예요.

수분이 빠져나가지 않으면 결과적으로 연골은 과하게 부풀어 오르겠지요. 그러면 등뼈와 등뼈 사이가 벌어지고 부풀어 오른 연골이 신경을 자극해서 등뼈가 아플 거예요.

> 연골은 수분을 많이 머금고 있어서 쿠션 역할을 하지요.

이 점을 방심하면 안 된다!
꽉 묶어! 엉뚱한 데로 날아가지 않게.

몸을 묶어 두지 않으면 어디로 날아갈지 모른다

중력이 사라지면 밧줄로 우리 몸을 지구에 고정해 두어야 할 거예요. 그러지 않으면 방심한 사이에 지구에서 멀어질 테니 말이에요. 엉뚱한 곳으로 날아가지 않게 할 생명선이 필요한 것이지요.

당연히 점프는 금지! 그렇지 않아도 둥둥 떠다닐 텐데, 중력이 없는 상태에서 '펄쩍' 뛰어올랐다가는 제자리로 돌아오지 못할 거예요. 점점 땅

에서 멀어지다가 결국에는 우주까지 날아가 버릴지도 몰라요.

어쩌면 점프가 아니라 걷고 달리기만 해도 위험해질 수 있어요. 걷고 달릴 때, 우리는 어느 정도 힘을 줘서 땅을 차야 하니까요.

세상에서 중력이 사라지면 제대로 걷기도 어려워진다는 말이지요. 그러니 밧줄로 몸을 묶어서 땅과 연결해 두어야 할 거예요.

우리 몸만 묶어 두어야 하는 것은 아니에요. 가구, 컴퓨터, 공책, 연필 등 온갖 물건이 땅에서 떨어져 둥둥 떠다닐 테니까요.

중력이 사라진다고 하면, 달에 착륙한 우주 비행사가 폴짝거리며 걸어 다니는 모습을 떠올릴지도 모르겠어요. 그런데 달에는 중력이 있어요. 지구의 중력보다는 훨씬 작지만, 약 6분의 1 정도 되는 중력이 있어서 점프해도 다시 땅으로 내려앉는 것이랍니다.

이 점이 놀랍다!
바닷물과 공기는 우주로 흩어질까?!

공기는 하늘로 흩어지고, 바닷물은 온 세계를 뒤덮는다

공기와 바다도 중력이 지구 표면으로 끌어당기고 있답니다. 다시 말해, 중력이 사라지면 지금 같은 모양으로 지금과 같은 자리에 머물 수 없다는 거지요.

먼저 공기부터 살펴볼까요?

공기도 무게가 있어요. '기압'이라는 말을 들어 봤지요? 기압이란 공기의 무게 때문에 생기는 힘을 말해요. 공기에 무게가 있다는 말은 공기에도 중력이 작용한다는 뜻이에요. 그러니 중력이 사라지면 아래로 끌어

세상에, 이럴 수가! 어딜 가나 물이 없는 곳이 없어!

산

당기는 힘이 사라지기 때문에 공기는 흩어질 거예요. 성글게 퍼져 나간 공기는 결국 어딘가로 다 날아가 버리겠지요.

바닷물은 어떨까요?

바다가 현재 위치에 자리 잡은 것도 중력 덕분이에요. 중력이 지구의 중심을 향해 끌어당기기 때문에 해저(바다의 밑바닥)의 지형을 따라 최대한 낮은 장소에 물이 몰렸고, 해수면도 평평해진 것이지요.

중력이 사라지면 '바닷물도 둥둥 떠다닐' 것으로 생각하는 사람이 있겠지만, 바닷물은 다른 것과는 사정이 조금 달라요. 물에는 스며들거나 달라붙는 성질이 있어서 중력이 사라지면 암석이나 흙에 스며들면서 서서히 육지로 올라올 것으로 예상된답니다. 그러다가 나중에는 지구 표면 전체를 바닷물이 얇게 뒤덮게 될 거예요.

또 물보라 형태로 공기 중에 흩어진 바닷물은 비눗방울처럼 구 모양을 이룬 채 우주로 날아가 버릴 거예요.

이 점이 충격!!
큰일이야!
팽창이 멈추지 않아!

지구가 팽창 끝에 조각조각 분해된다

지구는 주로 암석과 철로 이루어져 있어요. 내부는 아주 뜨겁지요. 예를 들어, 지구 중심에 있는 핵의 온도는 약 3800~5000도로 상상을 초월할 정도예요.

지구는 오랜 역사 속에서 소행성과 여러 번 충돌했어요. 충돌 때 발생한 열이 아직도 식지 않아서 지구 내부가 그처럼 뜨거운 것이랍니다. 우라늄 등의 방사성 물질이 지구 내부에서 열을 내는 것도 고온의 원인이고요.

물체는 온도가 올라가면 팽창해요. 부피가 커진다는 말이지요. 고체 상태를 유지하면서도 팽창하지만, 액체가 되고 나아가 기체가 되면 부피는 점점 더 커져요.

지구 내부도 마찬가지예요. 워낙 고온이라 사실은 엄청나게 커져야 하죠. 그런데 그렇지 않은 이유는 중력이 있기 때문이에요.

팽창하려는 뜨거운 지구를 중력이 억지로 '꽉' 눌러 압축하고 있는 상태라고 생각하면 돼요. 그래서 지구 내부는 고온인 동시에 '고압'이기도 해요. 압력이 엄청나게 높지요.

중력이 사라지면, 지구는 그야말로 마구 팽창할 거예요. 그러면 대지진과 화산 분화 같은 천재지변이 순식간에 일어나겠지요. 만약 그런 순간이 오면, 지구는 머지않아 붕괴해서 흩어질 거예요.

> **이런 미래가 온다!**
> 지구는 가망이 없어…
> 다른 별로 가야 해!

그 결과, 이렇게 살게 될지도!?

① 지구에서 탈출

가장 먼저 생각할 수 있는 건 지구 탈출이에요. 여기서 더 살 수 없으니 지구를 벗어나야만 할 거예요. 살아남은 인류는 새 세상을 찾아 지구 밖 다른 별을 향해 여행을 시작하겠지요.

어디로 가려 하든지 지구의 중력이 사라졌으니 우주 공간으로 빠져나가기는 비교적 쉬울 거예요.

② 지구 자원을 잘 싸서 들고 간다

지구를 탈출할 때는 최대한 많은 자원을 가지고 가야 할 거예요. 그러지 않으면 다른 별에 도착해서도 살아가기 힘들 테니까요.

공기, 물, 흙, 식물, 동물 등 온갖 것들을 챙겨야 해요. 공기와 물이 없으면 사람이 살 수 없고, 식물과 동물이 없으면 매일 먹을 식량이 부족하기 때문입니다.

다른 별에 도착해서 문명을 발전시키려면 공업 제품도 가지고 가야 할 거예요. 우주를 이동하기 위한 우주선도 당연히 필요하지요.

만약 지구를 버리고 우주로 떠나야 하는 상황이 오면, 여러분은 무엇을 들고 가시겠어요? 이 생각을 해 보면 지구상의 모든 것이 얼마나 귀중한지 새삼 깨달을 수 있을 거예요.

③ 화성으로 이주한다

지구인의 이주지 후보 중 1순위는 역시 화성이에요. 화성은 지름이 지구의 반 정도 되는 작은 행성이지만, 지구에서 가까워서 이미 본격적인 화성 이주 계획이 세워져 있답니다. 평균 기온이 영하 55도라서 사람이 살지 못할 환경도 아니에요.

그래서 중력이 사라진 지구인은 화성으로 이주할 것으로 예상돼요. 하지만 화성에 착륙하는 방법이 문제예요.

지구의 중력만 사라지고 화성에는 중력이 남아 있다면 화성에 근접한 인류는 중력의 힘으로 화성을 향해 마구 추락하게 될 거예요. 어렵게 지구에서 이것저것 챙겨 간다 해도 화성에 추락하면 모두 죽고 망가질 거예요.

그래서 안전하게 착륙하기 위한 낙하산과 에어백, 또는 역방향 로켓을 분사할 수 있는 장치를 준비해야 해요. 흙과 돌, 식물의 씨앗은 자유 낙하 시켜도 괜찮겠네요. 이때도 가능하면 낙하산을 쓰면 좋겠지만, 최대한 자원을 챙겨 가야 하니 낙하산을 그리 많이 가져갈 수 없을 거예요.

> **원심력 때문에 우리 모두 우주로 날아가 버리지 않을까?**

어떤 사람은 "지구는 엄청난 속도로 자전하기 때문에 중력이 사라지면 우리는 원심력에 의해 날아가 버릴 것이다."라고 예상해요.

물론 실을 매단 추를 빙빙 돌리는 도중에 실이 갑자기 끊어지면 추가 세차게 날아가는 것이 맞아요.

하지만 여기에는 약간의 오해가 있어요. 실에 매단 추는 원심력 때문에 날아가는 것이 아니랍니다. 원심력이란, 실이 추를 끌어당기는 힘의 반대 방향으로 생기는 힘이라서 실이 끊어지는 순간 원심력도 사라지기 때문이지요. 추가 세차게 날아가는 것은 추를 돌리던 힘이 실린 채 앞쪽으로 내동댕이쳐지기 때문이에요. 원의 바깥쪽(원심력이 향하는 쪽)이 아니라 '앞쪽'으로 날아간다는 것이 핵심이에요.

중력이 사라지는 것도 이와 같아요. 지구 표면에 있는 우리는 머리 위쪽이 아니라 앞쪽으로 밀려나는 힘을 받게 될 거예요. 그 속도는 지구의 자전 속도와 같겠지요. 다시 말해, 지면으로 끌어당기는 힘이 사라지는 것 말고는 달리 큰 변화가 없을 거라는 뜻이에요.

단, 지표와의 거리는 시간이 흐를수록 점점 벌어질 테니까 생명선으로 몸을 묶어 둬야 하겠지요.

사라와 지구의 소박한 궁금증

> **무중력 상태에서 물은 구를 이루는데 바닷물은 어째서 구를 이루지 않을까?**

국제 우주 정거장에서 했던 실험 중에 물을 무중력 공간에 띄우는 실험이 있었어요. 마치 비눗방울처럼 구를 이루어 둥둥 떠다니는 모습을 볼 수 있었지요.

그 실험을 보고 나면, 중력이 사라진 지구의 바닷물도 동그란 구를 이룰 거라는 생각이 들 수 있어요.

하지만 바닷물은 해저 암반에 딱 붙어 있어서 중력이 사라진 뒤에도 쉽게 떨어져 나오지 않아요. 물의 흡착력이 생각보다 강하거든요.

사실 우주 정거장 안에서도 유리컵이나 사람 몸에 붙은 물은 동그란 물방울을 이루기는커녕 들러붙은 뒤 점점 얇게 퍼진답니다. 좀처럼 떨어져 나가지 않아요. 물방울 모양으로 존재하는 것은 아무 데도 붙지 않고 완전히 동떨어져 있는 물뿐이에요.

유리와 우리 몸은 모두 물이 스미기 쉬운 성질이기 때문에 이런 현상이 일어나는데, 해저의 암반도 마찬가지예요. 암석이나 모래에 물을 부으면 물을 튕겨 내던가요? 아니지요? 표면이 젖거나 물이 스며들 거예요.

그러니까 바닷물도 암석에서 떨어지지 않아요. 오히려 지구 표면에 달라붙어 얇게 퍼질 거라고 예상할 수 있답니다.

알아두면 도움되는 보너스 강좌 ⑤

지구의 인력은 우주 정거장에도 분명히 미치고 있다

무중력 공간이라 하면, 국제 우주 정거장 안에서 우주 비행사가 둥둥 떠다니는 광경을 떠올리는 사람이 많을 거예요.

그런데 우주 비행사의 몸은 왜 떠 있을까요? 지구에서 너무 멀리 떨어진 우주 공간이라서 지구의 인력이 미치지 않기 때문일까요?

알고 보면, 우주 정거장에도 지상에서 느끼는 인력의 90% 정도가 작용하고 있어요. 인력이 미치지 못할 만큼 멀리 떨어진 것이 아니기 때문에 그냥 두면 당연히 지상으로 떨어지지요.

하지만 그렇게 되지 않는 것은 대단히 큰 원심력이 작용하기 때문이에요. 우주 정거장은 대략 400킬로미터 상공을 고속으로 이동하면서 지구 주위를 돌고 있어서 원심력이 지상보다 훨씬 큰 거예요.

즉 우주 정거장에서는 원심력과 지구의 인력이 정확하게 균형을 이루고 있다는 뜻이에요. 그래서 우주 비행사들은 둥둥 떠 있을 수 있지요.

'중력'은 인력과 원심력을 합친 것이므로 우주 정거장이 '무중력 공간'인 것은 맞지만, 지구의 인력은 분명히 미치고 있는 상태랍니다.

> 알아두면 도움되는 보너스 강좌 ⑥

무중력 공간에 오래 있으면 초점이 맞지 않는 탓에 시력이 나빠진다

우리 눈의 안구는 젤리 상태의 유리체라는 물질이 채우고 있어요. 유리체의 성분은 약간의 콜라겐과 히알루론산을 제외하면 무려 99%가 물이에요. 유리처럼 딱딱하지 않고 아주 탄력적인 물체지요. 젤리 상태라는 말은 모양이 일정하지 않아서 외부 힘에 따라 변한다는 뜻이에요.

유리체는 렌즈의 역할을 하는데, 눈의 초점이 딱 맞으려면 유리체의 모양이 절묘한 균형을 이루어야 해요. 모양이 조금만 변해도 시력은 떨어지지요.

우주 정거장에 오래 머무는 우주 비행사가 체험한 바에 따르면, 중력이 없을 때는 유리체의 뒷부분이 납작해져서 시력이 떨어진다고 해요.

이런 현상은 뇌 주위를 덮고 있는 액체(뇌척수액) 때문에 일어난다고 해요. 중력이 없으면 액체의 흐름을 제대로 조정할 수 없어서 뇌척수액이 안구 뒤쪽에 몰리는데 이때 유리체가 눌린다는 거예요.

그 결과, 눌린 유리체는 뒤쪽이 납작해지고 그로 인해 눈의 초점이 맞지 않게 되어서 시력이 나빠진다는 것이지요.

제**4**장

만약 이산화 탄소가 사라진다면?

이산화 탄소는 지구 온난화의 원인이므로
최대한 줄여야 한다고 생각하는 사람도 있을 거예요.
하지만 이산화 탄소는
지구에 사는 생물에게 아주 중요해요.
만약 이산화 탄소가 사라진다면
지구는 어떤 모습으로 변할까요?

이 점이 좋다!!
섬이 가라앉으면
안 되잖아요!

기온이 낮아져 섬이 물에 잠길 걱정은 사라진다

이산화 탄소는 지구에서는 수증기 다음으로 영향력이 큰 온실가스예요. 온실가스는 지상에서 대기를 향해 방출되는 적외선을 흡수한 뒤, 그것을 다시 지상으로 방출해 지상을 데우는 작용을 하지요. 온실 효과는 그렇게 일어난답니다.

온실가스인 이산화 탄소가 갑자기 자취를 감추면, 이산화 탄소 때문에 일어나던 온실 효과가 사라져서 지구의 평균 기온이 낮아질 거예요. 그리고 평균 기온이 낮아지면 지구의 얼음이 늘어나지요.

으슬으슬 추워지네….

현재 바닷물에 잠길 위기에 처한 곳은 남태평양의 투발루, 키리바시, 인도양의 몰디브 등이 있어요.

제4장 만약 이산화 탄소가 사라진다면?

이게 무슨 말이냐면, 바다에서 증발한 수증기는 비가 되어 육지로 내려오지요? 그때 남극이나 북극에 가까운 장소, 또는 아주 높은 산 위에서는 하늘에서 내린 빗물 또는 눈이 얼어서 빙하가 돼요. 그런데 지구의 기온이 낮아지면 이 빙하가 더 늘어날 거예요.

빙하가 늘어난다는 것은 바닷물이 얼음이 되어 육상에 쌓인다는 뜻이니까 결과적으로 바닷물은 줄어들겠지요? 그러면 해수면은 조금씩 낮아질 거예요. 그렇게 되면 해수면의 변동 때문에 물에 잠길 위기에 처했던 작은 섬들은 걱정할 필요가 없겠지요.

그 외에도 지구의 평균 기온이 낮아지면 북극 바다에 떠다니는 얼음도 늘어날 거예요. 지구 온난화로 북극 얼음이 녹으면 북극곰이 살아남을 수 없다던 걱정이 싹 해결되겠지요. 이 정도면 참 좋은 변화가 아닌가요?

이래서 배가 고프다…
채소 가게로 돌진!
있는 힘껏 달려~

시장에서 채소와 과일이 사라진다

이산화 탄소가 사라진다는 말은 식물이 광합성을 할 수 없다는 말이기도 해요. 그 어떤 식물도 자랄 수 없게 되는 거지요.

식물은 광합성을 해서 녹말(탄수화물)을 생산하고, 그 녹말로 자기 몸을 만들어요. 그러니 광합성을 할 수 없으면 식물은 자기 몸을 만들 수가 없게 되지요. 있던 몸도 유지할 수 없으면 살 방법이 없어요.

다시 말해 이산화 탄소는 식물에 없어서는 안 될 귀한 재료인 거예요.

광합성이라는 화학 반응은 식물이 태양 에너지를 이용해 물과 이산화 탄소로부터 녹말과 산소를 만드는 반응이에요. 식물은 이산화 탄소가 가진 탄소를 녹말이라는 형태로 체내에 흡수해 자기 몸을 만드는 것이지요.

식물이 자라지 못하면, 우선 시장에 큰 변화가 생길 거예요. 채소와 과일이 모조리 자취를 감출 테니까요.

쌀과 밀도 식물이니까 우리는 밥, 빵, 국수, 라면 같은 음식을 먹을 수 없게 될 거예요. 감자나 옥수수도 사라질 테니 그걸로 만드는 과자도 구할 수 없을 테고요. 설탕, 사탕무, 사탕수수 같은 식물이 사라지면 달콤한 디저트도 만들 수 없어요.

이렇게 이산화 탄소가 사라지면 시장의 모습뿐 아니라 우리의 먹거리도 완전히 바뀌게 된답니다.

이 점이 힘들다…
산소까지 부족하니 정말 힘들구나.

산소가 줄어들어 숨쉬기가 어려워진다

식물이 광합성을 할 수 없게 되면, 광합성의 결과물인 산소도 만들어지지 않겠지요. 그렇게 되면 점점 산소가 줄어들어 사람뿐 아니라 다른 동물들도 숨쉬기가 불편해질 거예요.

애초에 지구의 대기는 수증기, 이산화 탄소, 질소가 대부분을 차지했고 산소는 없었어요.

그런데 어느 날 광합성을 하는 작은 생물인 식물 플랑크톤이 나타났어요. 그로 인해 처음에는 바닷속에 산소가 늘었고, 나중에는 대기 중에도 늘어났지요. 그 덕에 지구상의 동물들이 산소를 이용할 수 있게 되었고

요. 그러니 쉽게 말하면, 식물이 광합성을 할 수 없게 되면 산소가 없었던 시대로 돌아가는 거예요. 지구에 남은 산소는 계속 줄어들기만 하겠죠. 남은 산소를 다 써 버리면 지구는 산소가 없는 세상으로 변하고 우리는 살아남을 수 없을 거예요.

다만, 산소가 어느 한순간에 완전히 사라지는 것은 아니라서 숨쉬기는 힘들겠지만, 당분간은 살 수 있을 거예요. 마치 높은 산에 올라갔을 때, 산소가 부족해도 숨은 쉴 수 있는 것처럼 말이에요.

그런데 산소가 부족한 환경에서도 잘 살 수 있는 동물이 있어요. 바로 조류예요. 새의 폐에는 기낭이라는 특수한 펌프가 있어서 우리 같은 포유류보다 훨씬 효율적으로 산소를 흡수할 수 있어요. 그래서 산소가 적은 상공에서도 편하게 숨을 쉴 수 있답니다.

산소가 부족해지면, 마지막까지 살아남는 동물은 사람이 아니라 새일지도 모르겠네요.

이런 게 위기다!
충격! 식물이 없으니 먹이 사슬이 흔들린다!

육지, 바다 할 것 없이 동물들이 죽어 간다

앞에서 식물이 광합성을 하지 못하면 산소가 없어진다고 이야기했지요? 그런데 동물은 산소 결핍 외에 다른 이유로도 죽어 갈 거예요.

생물이 서로 먹고 먹히는 관계를 '먹이 사슬' 또는 '먹이 그물'이라고 부르는데, 그 바탕에 자리 잡은 것이 식물이랍니다. 생태계에는 식물을 먹는 동물이 있고, 그 동물을 잡아먹는 다른 동물이 있어요. 이런 관계를 통해 전체 생물이 살아갈 수 있으니 지구상에 사는 모든 생물은 식물 덕에 산다고 해도 과언이 아니지요.

바닷속도 마찬가지예요. 식물 플랑크톤을 먹는 동물 플랑크톤이 있고, 그것을 먹는 작은 물고기나 게가 있고, 또 그들을 잡아먹는 큰 물고기가 있지요. 그래서 식물 플랑크톤이 광합성을 하지 못하고 죽으면 바다 생물도 대부분 죽을 수밖에 없어요.

다시 말해 이산화 탄소가 사라지면, 우리 동물은 식량 부족과 산소 부족이라는 이중 고통을 겪게 된다는 뜻이에요. 먹기와 숨쉬기가 거의 다 불가능해질 테니까요.

그래서 육지, 바다 할 것 없이 동물들이 죽어 갈 거예요.

그 외에 기온 저하의 영향도 있을 거예요. 이산화 탄소에 의한 온실 효과가 사라지면 지구의 평균 기온이 크게 내려가기 때문에 기온 저하로 인해 죽는 동물이 나타나는 거지요.

이들이 주역으로!
동물은 모두 멸종됐어.
이제 세균의 세상이야.

세균이
점령한 별, 지구

　이산화 탄소가 사라지면 먹이 사슬과 먹이 그물은 완전히 무너질 거예요. 하지만 그렇다고 해서 모든 생물이 죽는가 하면 사실은 그렇지 않아요.
　지구상에는 광합성과는 다른 원리로 살아가는 생물이 있거든요. 그들은 광합성도 하지 않고, 식물을 먹지도 않으며, 완전히 독립된 세계에서 살아요. 바로 '화학 합성 세균'이랍니다.
　화학 합성 세균은 깊은 바닷속에 있는 열수 분출공이라는 장소에서 많이 볼 수 있어요. 마그마에 의해 가열된 고온의 물이 분출되는 장소인데, 햇빛이 전혀 닿지 않는데도 조개와 게, 갯지렁이 종류 등 다양한 생물이 살고 있어요. 이들 먹이 사슬의 바탕에 있는 것이 화학 합성 세균이에요.
　화학 합성이란, 해저에서 분출되는 황화 수소와 수소 등의 화학 반응 에너지를 이용하여 해저에서 분출되는 이산화 탄소로 탄수화물을 만드는 반응을 말해요. 주제가 '이산화 탄소가 사라진다면'인데 이산화 탄소가 다시 등장하니까 조금 이상하지요? 대기 중의 이산화 탄소와 바닷물에 녹아 있는 이산화 탄소가 모두 없어져도 지구 내부에서 분출되는 화산 가스가 이산화 탄소를 새로 만들어 내기 때문이에요. 그래서 화학 합성 세균과 이들을 바탕으로 먹이 사슬을 구축하는 일부 생물은 이산화 탄소가 사라진 뒤에도 계속해서 살아갈 수 있는 것이랍니다.

> **이런 미래가 온다!**
> 저 화산, 불발이야!
> 아쉽다….

그 결과, 이렇게 살게 될지도!?

① 말라 죽은 나무를 모조리 태운다

여하튼 이산화 탄소가 없으면 모든 면에서 속수무책이 될 거예요. 광합성을 못 해 식물이 사라지는 탓에 산소도, 먹을 것도 다 없어지니까요.

그런 상황에서는 도저히 살아갈 방법이 없으니 남은 인류는 어떻게 해서든 이산화 탄소를 만들어 내서 식물의 광합성을 최대한 빨리 회복시켜야 할 거예요.

물론 지구는 스스로 조금씩 회복할 수 있어요. 화산을 통해 지하에서 이산화 탄소가 분출되기 때문이지요. 하지만 그렇게 해서 이산화 탄소가 늘어나기를 기다리다가는 식물뿐 아니라 인류도 모두 멸종하게 될 거예요.

　그래서 우선은 말라 죽은 나무를 모조리 태워서 이산화 탄소를 만들어 내려 할 거예요.

　모든 물질은 탈 때 이산화 탄소를 발생시키니까 말라 죽은 나무 외에도 목재, 종이, 음식 쓰레기 등 뭐든지 태우게 되겠지요. 오로지 태우는 길밖에 없을 거예요. 석탄이나 석유도 말이에요.

　그렇게 해서 조금씩 이산화 탄소가 회복되면 식물이 약하게나마 광합성을 할 수 있게 되겠죠. 그리고 어느 정도 식물이 살아남으면 그때부터는 다시 식량을 얻을 거예요.

② 화산을 인공적으로 분화시킨다

말라 죽은 나무 등을 태우는 응급 처치로 한숨 돌리고 나면 이번에는 이산화 탄소를 대량으로 만들어 내는 대책에 힘쓰게 될 거예요. 그 대책이란 화산을 인공적으로 분화시키는 거예요.

이산화 탄소를 대량으로 만들어 내는 데는 역시 화산 가스를 대량 발생시키는 방법이 효과적이겠지요. 그래서 조금 위험하기는 해도 일부러 화산을 폭발시키는 거예요.

화산 분화구에 다가가지 않고 멀리서 미사일 등으로 분화구 부근의 암반을 파괴하는 방법을 쓰게 되겠죠.

③ 석회암에 황산을 퍼붓는다

그 외에 이산화 탄소를 만들어 내는 방법으로는 '석회암에 황산 퍼붓기'를 들 수 있어요.

'석회암'은 탄산 칼슘으로 이루어진 하얀 암석인데 황산을 부으면 녹으면서 이산화 탄소를 발생시키지요. 이 반응을 대량으로 일으키면 상당한 효과가 있을 거예요. 석회암은 전 세계 육지에 다량 분포되어 있으니까 재료가 부족해질 걱정은 없답니다.

이처럼 인류는 여러 가지 방법으로 사라진 이산화 탄소를 복구해서 생존을 연장할 수 있을 거예요.

사라와 지구의 소박한 궁금증

이산화 탄소는 지구 온난화의 원인일까?

유엔 기후 변화 회의를 비롯한 지구 시스템 전문가들이 이 문제를 활발히 논의하고 있어요. 지구 온난화로 인해 홍수와 태풍, 가뭄 같은 기상 이변이 일어나니까 지구 온난화는 우리에게 절실한 문제지요.

그런데 그 원인에 관해서는 아직 모르는 점이 많아요. 인간의 활동으로 배출되는 이산화 탄소가 최대 원인이라고 여겨지기도 하지만, 다른 한편으로는 태양 활동의 변화, 수증기의 온실 효과 등 다른 원인에 관한 연구도 이루어지고 있거든요.

분명한 건 이산화 탄소가 온실 효과를 나타낸다는 점, 대기 중 이산화 탄소의 농도가 인간 활동 때문에 늘고 있다는 점, 지구의 평균 기온이 지난 100년 동안 서서히 올랐다는 점 등이에요.

인간의 활동으로 발생하는 이산화 탄소 배출량을 줄이려고 노력하는 것은 중요해요. 그래야 숲을 지킬 수 있고, 태양광 발전과 풍력 발전 등 석유 외의 에너지가 늘어야 새로운 형태로 전력을 만들어 쓸 수 있을 테니까요.

사라와 지구의 소박한 궁금증 ❓

> ## 이산화 탄소가 사라진 지구에서 생물은 얼마나 살아남을까?

　이산화 탄소가 사라진 세상에서도 화학 합성 세균은 살아남는다고 했어요.

　그 외에는 화학 합성 세균을 토대로 한 먹이 사슬이 당분간 살아남을 거예요. 구체적으로는 해저 열수 분출공 주위에 있는 갯지렁이류, 조개류, 그리고 이들을 잡아먹는 게 종류 등이에요.

　열수 분출공 주위에는 물고기도 있을 텐데, 화학 합성 세균과 이 세균을 잡아먹는 생물들만을 먹고살 수 있을지 확실하게 말하기는 어려워요. 물고기는 이동 범위가 넓어서 이동 범위가 좁은 조개류보다 다양한 먹이를 먹기 때문이에요.

　또 갯지렁이, 조개류, 게도 오래 살 수는 없어요. 왜냐하면 이들은 생존하려면 아주 적은 양이라도 산소가 필요하기 때문이에요.

　심해에 녹아 있는 산소도 원래는 식물의 광합성에 의해 만들어진 것이라 광합성이 멈추면 서서히 사라진답니다. 아마 약 7천 년 정도면 다 사라질 거예요.

　그래서 화학 합성을 토대로 한 먹이 사슬도 언젠가는 무너지고 화학 합성 세균만 살아남게 될 것으로 예상된답니다.

알아두면 도움되는 보너스 강좌 ⑦

서식 범위가 바다의 2배!! 암반 속에 있다는 미생물의 세계!

지구에서 이산화 탄소가 사라지면 언젠가 화학 합성 세균만 살아남는 세상이 올 거예요. 그런데 그들이 사는 장소가 열수 분출공 주변만은 아니에요. 사실 해저와 육상의 암반 속에 매우 넓은 미생물 세계가 있다고 알려져 있거든요.

지하 깊은 곳에 있는 단단한 암반 속은 빛과 영양분이 없는 데다가 열과 높은 압력 때문에 생물이 살 수 없을 거라고 생각되어 왔어요. 하지만 최근 지하 5킬로미터까지 파고 들어가서 조사한 결과, 엄청난 양의 미생물이 지하에 살고 있다는 사실이 드러났어요. 그 범위(부피)는 지구 바다의 2배 가까이 된다고 하지요.

또 그곳에 사는 미생물은 양도 엄청나다고 해요. 생물의 몸을 만드는 탄소의 양으로 비교할 때, 육상과 해양에 사는 모든 생물을 합한 것보다 지하에 사는 미생물이 더 많다고 하니까요.

지하에 사는 미생물은 산소가 없어도 살 수 있는 화학 합성 세균이기 때문에 그처럼 넓은 미생물 세상은 대기 또는 해양의 이산화 탄소가 사라진 뒤에도 계속 존재할 거예요. 단, 앞에서도 말한 것처럼 화학 합성 세균도 지하 암반 속에 포함된 이산화 탄소는 사용한답니다.

알아두면 도움되는 보너스 강좌 ⑧

이산화 탄소는
모습을 바꾸며
지구를 돌아다닌다

4장의 주제는 '만약 이산화 탄소가 사라진다면'이었어요. 그런데 사실 이산화 탄소는 모습을 바꾸어 가며 지구를 돌아다녀요. 다양한 얼굴로 여러 장소에 존재한다는 말이지요.

예를 들면 대기, 해양, 동식물의 몸, 토양, 석회암, 산호, 화산 가스, 석유, 석탄 등이에요.

가령 대기에서 바닷물로 녹아든 이산화 탄소는 식물 플랑크톤의 광합성을 통해 체내로 흡수되어 바다의 먹이 사슬 속으로 들어가 물고기로 모습을 바꾸지요. 또 바다 플랑크톤 중에는 이산화 탄소를 재료 삼아 탄산 칼슘 껍질을 만드는 종류도 있어요. 떨어져 나온 탄산 칼슘 껍질은 해저에 가라앉아 석회암으로 모습을 바꾸어요. 산호 골격도 탄산 칼슘으로 만들어져 있는데 이것도 이산화 탄소가 모습을 바꾼 것이라 할 수 있어요.

육상에서는 식물이 이산화 탄소를 흡수하는데 먹이 사슬을 통해 동물로 모습을 바꾸어요. 낙엽이나 동물의 사체, 또는 이산화 탄소가 녹아든 빗물로 인해 토양에도 이산화 탄소가 쌓여요.

이렇게 이산화 탄소는 다양한 형태로 지구의 모든 곳에 존재한답니다.

제5장

만약 바닷물이 사라진다면?

끝없이 푸르게 펼쳐진 바다.
바다가 있어 우리 지구는 '물의 별'이라 불리죠.
우주에서 바라보면 푸르게 빛나니까요.
바닷물은 그 양이 너무 많아서 사라질 것 같지 않지만,
그래도 만에 하나 바닷물이 전부 사라진다면
어떤 일이 벌어질까요?

이 점이 좋다!!
'택시 타고 하와이'도 꿈이 아닐 거야♬

사람이 살 수 있는 땅이 지금의 3배로 늘어난다

바다의 면적은 지구 표면의 약 70%나 돼요. 이 말은 곧 우리가 살 수 있는 육지는 나머지 30%밖에 되지 않는다는 말이기도 하지요.

만약 바닷물이 사라진다면 바다로 덮인 부분도 마른땅이 될 테니 사람이 살 수 있는 장소도 3배로 늘어나는 거예요.

또 바다가 사라지면 대만, 중국뿐 아니라 필리핀, 하와이까지도 육로로 갈 수 있을 거예요. 도로가 없어서 힘은 들겠지만, 애를 써 보면 자동

제5장 만약 **바닷물**이 사라진다면?

차로도 갈 수 있지 않을까요?

물론 하와이까지 가려면 꽤 험난하겠지요. 태평양 쪽에 아주 깊은 해구가 골짜기처럼 패어 있거든요. 높은 등성이와 깊은 골짜기의 높낮이 차이가 7천 미터나 되고 낭떠러지 같은 위험한 장소도 수두룩하답니다.

참고로 세계에서 가장 높은 산은 히말라야산맥의 에베레스트산이지요? 바닷물이 사라진 세상에서는 하와이의 마우나케아산이 될 거예요.

현재 에베레스트산은 해발 8800미터고 마우나케아산은 해발 4200미터지만, 바다 아래에 숨은 산기슭까지 포함하면 마우나케아산은 무려 해발 만 미터나 될 테니까요.

물론 해저 면에서부터 높이를 재기 시작하면 에베레스트산의 높이도 더 높아질 테니 어느 쪽이 세계에서 가장 높은 산인지는 재는 방법에 따라 달라지겠네요.

이 점이 슬프다…
랍스터를 먹을 수 없다니
이 무슨 날벼락!

해산물 뷔페도 덩달아 사라진다

바다가 사라지면 바다에서 잡아 올리는 해산물도 모두 사라지겠지요. 해산물 뷔페에 나오는 음식 재료를 떠올려 보세요. 랍스터, 오징어, 홍합, 전복, 연어 등 모두 바다에서 구하는 것들이에요.

바닷물이 사라지면 맛있는 생선구이와 초밥은 먹을 수 없게 될 거예요. 구이가 육류뿐이고 달걀말이 초밥만 먹는다고 생각하면 왠지 허전하네요. 게다가 김도 사라질 테니 김밥도 먹을 수 없을 테고요.

그뿐 아니라 김치를 만들 때도 문제가 생겨요. 김치를 만들 때는 새우, 멸치, 조기 등으로 만든 젓갈을 넣는데, 이들 모두 바다에서 구하는 해산물이니까요. 해산물을 우려서 맛을 내는 국물들도 사라질 거예요.

그 외에도 평소 우리 식탁에는 바다에서 구한 먹거리가 정말 많이 오르고 있어요. 미역, 다시마, 바지락, 게, 새우 같은 것들 말이지요. 하지만 이것들도 모두 다시는 볼 수 없겠지요.

그나저나 앞에서 '바닷물이 사라지면 사람이 살 수 있는 땅이 3배로 늘어날 것'이라고 이야기했지요? 그런데 사실은 지금의 해저가 마른땅이 되어도 사람들은 대부분 그곳에 살려고 하지 않을 거예요. 왜냐하면, 한때 해저였던 곳은 죽은 물고기로 가득할 테니까요.

요즘은 콩으로 대체 고기를 만드니 대체 해산물을 만들지도 모르겠네요.

이 점이 크게 다르다!
계절 간 기온 차가 엄청나! 이유가 뭐지?

여름은 더 더워지고 겨울은 더 추워진다

대륙이나 해저를 이루는 암석은 물보다 쉽게 따뜻해지고 쉽게 차가워져요. 바로 이 '물보다'라는 부분이 중요해요.

이 성질 때문에 여름에는 육지보다 바다가 차가워요(온도가 낮음). 반대로 겨울에는 육지보다 바다가 따뜻하고요(온도가 높음). 물이 따뜻해지기 어렵고 차가워지기 어려워서 그런 거지요.

이 말은 여름에는 바닷물이 육지의 온도를 식혀 주고 겨울에는 바닷물이 육지의 온도를 올려 준다는 뜻이기도 해요. 바다가 있어서 여름과 겨울의 기온 차가 줄어드는 거지요.

또 바닷물의 흐름인 '해류'도 기온을 조절하는 중요한 역할을 해요. 지구상의 열은 해류를 타고 효율적으로 분산되거든요.

예를 들어 적도에 가까운 곳은 몹시 덥지요? 그곳의 따뜻한 바닷물은 적도 부근에서 북쪽(또는 더 남쪽)의 추운 지방으로 흘러갈 때 해류에 뜨거운 열기도 싣고 간답니다. 이렇게 적도 부근의 열기를 지구 곳곳으로 퍼뜨려서 적도와 북극·남극과의 기온 차이를 최대한 줄이고 있는 거예요.

그런데 만약 바닷물이 사라진다면 어떻게 되겠어요? 이런 역할을 해 줄 해류가 사라지게 되니까 적도는 더 더워지고 북극과 남극은 더 추워지겠지요.

> 해안보다 내륙에서 여름과 겨울의 기온 차가 큰 이유는 바다가 멀어서예요.

이렇게 건조해진다!
우산은 절대
안 팔리겠네!

비가 내리지 않아
전 세계가 바짝 말라 간다

   비는 비구름에서 떨어지지요? 구름이 생기려면 물이 증발해서 수증기가 하늘 높이 올라가야 해요. 그리고 구름을 만드는 수증기의 대부분은 바다에서 증발하지요.

   강이나 호수 등 육지에서 증발한 수증기도 있지만, 바다에서 증발한 수증기에 비하면 그 양은 아주 적어요.

   그런데 바닷물이 사라진다면 어떻게 될까요? 당장은 강물이나 호수가 있어 도움을 받겠지만, 금세 말라 버릴 거예요. 물이 없으면 풀과 나무

피부도
까칠해졌어.
비 좀 와라, 제발~
남자 친구
만나는 날만
빼고~

제5장 만약 **바닷물**이 사라진다면?

는 자랄 수 없고 농작물도 말라 죽을 거예요. 그러면 전 세계는 심각한 가뭄과 기아에 시달리게 될 거예요.

과거에도 비가 적게 온 해에는 '물 부족' 현상 때문에 댐 수위가 낮아져서 곳곳에서 물 절약을 외치곤 했어요. 하지만 바닷물이 사라지면 그런 수준을 넘어서서 극한의 물 부족 사태를 맞게 될 거예요.

또 푸르게 우거진 아마존의 열대 우림, 유럽 각국의 침엽수림, 계절마다 아름다운 풍광을 뽐내는 우리나라의 산림도 모두 말라서 바위와 모래만 남은 건조한 땅으로 변할 거예요. 말라 죽은 나무는 타기 쉬우니까 곳곳에서 산불이 일어날지도 몰라요. 최근 호주와 미국에서 일어난 산불이 거의 매년 뉴스를 장식하고 있는데, 아마존이나 동남아시아의 밀림에서도 산불이 나면 그 규모는 더 엄청나겠지요.

비가 내리지 않으면 세상에는 지하수와 빙하를 녹여서 얻는 물밖에 남지 않을 거예요. 그 물을 얼마나 확보하는지가 생존을 좌우하겠지요.

바닷물이 사라진다는 말은 지구상에 존재하는 물의 97% 이상이 사라진다는 뜻이랍니다.

비야, 와라~
비야, 와라~
소풍 날만 빼고~

이 점이 힘들다…
정상급 체력이라야 오를 수 있을걸!!

산 정상만큼 공기가 희박해진다

바닷물이 사라지면 공기가 희박해질 거예요. 왜냐하면 해저 면의 기압이 '1기압'이 되기 때문이죠.

'1기압'이라는 것은 지금 우리가 사는 장소의 대략적인 공기의 무게(또는 농도)를 말해요. '저기압'이나 '고기압' 같은 조건도 있지만, 세세한 것들은 신경 쓰지 말고 대략 '1기압'이라고 한번 생각해 보죠.

자, 그럼 해수면에 가까운 장소는 약 1기압이지요? 거기서 해발이 높아질수록 기압은 낮아지니까 높은 산 위는 더 낮을 거예요. '공기가 희박

'1기압'을 다르게 정의하면, '물이 100℃에서 끓을 때 공기의 무게'예요.

앞으로 4천 미터만 더 가면 돼!!

하다'는 말은 기압이 1기압보다 상당히 낮은 상태라는 말이에요.

바닷물이 사라진 세상에서는 지금껏 해수면 높이에 있던 공기가 중력 때문에 아래로 끌려 내려와(또는 빈자리를 메워서) 점점 해저 면을 향해 이동하겠지요. 결국은 해저 면을 따라 낮은 곳에 모이게 될 거예요.

그러면 해저 면 주위가 새로운 '1기압'의 기준점이 될 거예요. 그리고 우리가 사는 곳의 공기는 1기압보다 낮아질 테고요.

해저의 평균 깊이가 대략 4천 미터 정도니까 단순히 생각하면 지금 우리가 사는 장소는 해발 4천 미터 이상의 고산 지대가 되는 셈이죠. 한라산이 1950미터, 설악산 대청봉이 1708미터니까 두 산을 합한 것보다 높아지는 거예요. 또 일본의 후지산의 높이가 약 3800미터이니까 후지산 정상보다 더 높아지는 거고요. 해발 3천 미터만 넘어가도 공기가 희박하다는데 바닷물이 사라지면 지금 우리가 사는 장소는 웬만한 고산 지대보다 공기가 더 희박해지겠네요.

이 점이 새롭다!
해저에서 나온 가스가
지구를 새롭게 한다.

메탄의 온실 효과로
기온이 올라간다

메탄은 도시가스의 주요 성분으로 주방의 가스레인지 등에 쓰이는 투명한 가스예요.

사실 해저 아래, 그러니까 바다 밑바닥의 지층에는 고체 메탄이 많이 묻혀 있다고 알려져 있어요. '메탄 하이드레이트'라고 불리는 고체 메탄은 메탄 분자와 물 분자가 결합해서 얼음 같은 덩어리를 이룬 것이지요. 녹으면 메탄이 발생한답니다.

고체인 메탄 하이드레이트는 해저의 수온이 조금이라도 오르거나 해

저에서 끌어올려 수압을 낮추면 기체로 변해 버려요.

만약 바닷물이 사라지면 해저의 수압은 '0'이 되겠지요. 예를 들어 메탄 하이드레이트가 묻혀 있는 수심 천 미터 부근의 수압은 대략 100기압인데, 그만 한 압력으로 눌려 있었기 때문에 고체로 존재했던 거예요.

그런데 바닷물이 사라져서 수압이 0이 된다면 메탄은 점점 기체로 변해서 대기 중으로 빠져나올 거예요.

메탄은 수증기나 이산화 탄소 같은 온실가스의 일종이에요. 메탄이 대기 중에 늘어나면 지구 표면의 온도는 올라갈 거예요.

메탄 하이드레이트가 해저에 얼마나 묻혀 있는지는 아직 알 수 없지만, 세계 각지의 바다에서 차례차례 발견되고 있어요. 게다가 메탄 하이드레이트는 메탄이 빠져나오지 못하게 막는 '뚜껑' 같은 역할을 하고 있어서 사실 지하 깊은 곳에는 고체가 아닌 상태의 메탄이 더 많이 있을 것으로 예상된답니다.

> **이 점이 기대된다!**
> 지구에 저런 생물이 살고 있었어?!

미지의 거대 생물이 발견될 수 있다

이유는 두 가지예요. 첫 번째는 육상보다 바다 생물의 몸집이 거대해지기 쉽기 때문이에요. 생물의 진화라는 측면에서 볼 때 바닷물이 체중을 잘 떠받치거든요.

실제로 지구 역사상 가장 큰 동물은 흰긴수염고래예요. 큰 것은 몸길이가 30미터를 넘지요. 공룡 중에는 머리와 꼬리가 매우 긴 거대 공룡도

제5장 만약 **바닷물**이 사라진다면?

있지만, 화석으로 증거가 남아 있는 것은 30미터보다 작아요.

 두 번째 이유는 바다에는 인류가 도달하지 못한 미지의 영역이 아주 많기 때문이에요. 앞에서 지구 표면의 약 70%가 바다라고 이야기했지요? 그 넓은 바다 중에서 해저까지 조사가 끝난 곳은 불과 20%도 되지 않아요. 다시 말해 해저의 80% 이상은 미지의 세계라는 말이지요.

 더구나 바다에서 생물이 사는 영역은 해저뿐만이 아니에요.

 바다의 깊이는 평균 4천 미터 안팎이에요. 2천 미터보다 깊은 곳에는 빛이 들어가지 않아서 암흑의 세상이지요. 해저에서 위를 올려다본다 한들 바닷속 전체를 내다볼 수 없을 정도랍니다.

 이런 두 가지 이유로 바닷물이 사라졌을 때 혹시라도 미지의 생물이 발견될 수도 있다고 예상하는 것이랍니다.

흰긴수염고래

현재 지구에서 가장 큰 육상 동물은 아프리카코끼리예요. 몸길이 7미터 이상, 체중 10톤에 달하지요. 흰긴수염고래는 무려 190톤이에요!

이곳이 절경!
저 산맥 말이야,
옛날엔 해저에 있었어.

화산 활동이 활발한
거대 산맥이 출현한다

    해저에는 '해령'이라 불리는 아주 긴 해저 산맥이 있어요. 대서양 한가운데에 있는 대서양 중앙 해령도 그중 하나예요. 아이슬란드보다 북쪽에 있는 북극해에서 아프리카 대륙 남단보다 훨씬 남쪽에 있는 남극해 부근까지 거의 일직선으로 죽 이어져 있지요.
    그저 길기만 한 게 아니에요. 지하 깊은 곳에서 뜨거운 맨틀의 일부가 올라와 해령에 다다르면 마그마를 만들어 내지요. 해령 전체가 화산을 이

제5장 만약 **바닷물**이 사라진다면?

루고 있는 셈이에요.

이런 해령은 인도양과 태평양의 동부, 남극 대륙 부근에도 있어요. 게다가 이들 대부분은 끝과 끝이 서로 이어져 있어서 크게 보면 하나의 거대한 산맥이라고 하니 더욱 놀랍지요.

대서양 중앙 해령만 해도 길이가 1만 5천 킬로미터 정도니까 모든 해령을 합하면 약 6만 킬로미터에서 8만 킬로미터는 된다고 해요. 지구 둘레의 길이가 약 4만 킬로미터니까 지구를 무려 1.5~2바퀴 돈 길이예요. 바닷물이 사라지면, 지상의 산맥에서는 상상도 할 수 없는 거대한 산맥이 눈앞에 나타나게 돼요. 그리고 그 거대한 산맥에서 마그마가 흘러나오고, 연기가 치솟고, 끊임없이 활발한 화산 활동이 이어지는 거지요.

해령의 높이는 해저 면을 기준으로 했을 때 2~4천 미터 정도예요. 육상으로 치면 유럽의 알프스산맥만큼 우뚝 솟은 산맥이지요.

말하자면 해령은 해저 암반이 갈라진 틈이에요. 여기서 새 암반이 생겨 바다가 넓어졌다고 추측되고 있어요.

> **이런 미래가 온다!**
> 샘물은 귀하니까
> 잘 지켜야 해!

그 결과,
이렇게 살게 될지도!?

① 물의 완전한 재활용

바닷물이 사라지면 비가 내리지 않기 때문에 물이 정말 귀해져요. 물은 그냥 두면 수증기 형태로 증발해서 어딘가로 날아가 버리니까 어떻게 해서든 가두어 두어야 하죠.

그래서 수증기를 놓치지 않으려고 돔 생활을 하게 될 수도 있어요. 우리가 사는 도시 전체를 완전히 감쌀 만큼 거대한 돔을 만들어 그 안에서

> 샘물이 돔 밖으로 흘러가지 않게 댐을 만들어서 물을 확실하게 가둬야 해요. 정수 시설도 꼭 필요하겠죠.

생활하는 거예요. 식물원의 온실을 떠올리면 될 거예요.

또 그 돔 안에서 모든 생활용수는 완전하게 재활용하게 될 거예요. 한 번 쓴 물도 돔 밖으로 버리지 않고 깨끗하게 정화해서 몇 번이고 다시 쓰는 거지요.

이런 돔은 예전부터 육지였던 곳에 만드는 게 좋을 거예요. 바닷물이 사라진 뒤에는 육지였던 곳의 공기가 희박해질 테니 오히려 공기 농도가 진한 곳, 즉 건조한 해저에 만드는 것이 좋을 거라 생각할 수 있겠지만, 그렇지 않아요. 바닷물이 있었던 곳은 소금이 많은 땅이라 농작물이 자랄 수 없거든요.

설사 공기가 희박하더라도 소금의 피해가 적은 쪽이 살기 좋지요. 또 어차피 돔 안의 공기 농도는 높이면 되니까요.

육지 지하수는 담수지만, 바다 지하수는 염수(짠물)랍니다. 그래서 바닷물이 사라진 곳은 결국 소금투성이 땅이 될 거예요.

② 지하수와 빙하의 확보

재활용도 중요하지만 지구상에 있는 물을 최대한 확보해야 해요. 지하수가 솟아나는 장소는 특히 귀중하니까 돔을 씌워서 보호하는 게 좋겠지요. 지하수는 돔 안에서 순환시켜 인공 하천을 만들 거예요.

북극과 남극은 더 추워질 테니 서둘러 빙하의 얼음을 확보하는 게 좋을 거예요. 빙하의 형태 그대로 보관하게 되겠지요.

그런데 알프스산맥과 히말라야산맥, 안데스산맥처럼 위도가 조금 더 낮은 곳에 있는 빙하는 녹을 수도 있어요. 그러니까 녹기 전의 빙하를 확보하지 못하면 녹은 물이라도 확보해야 할 거예요.

③ 방울 물 주기 농법과 민물고기 양식

농업 분야에서는 건조 지역에서 자주 이용되는 '방울 물 주기' 농법을 도입해서 적은 양의 물로 농사를 지을 거예요. 작은 구멍이 뚫린 튜브를 밭이나 과수원 땅에 설치한 뒤, 식물의 뿌리에만 한 방울씩 물을 떨어뜨리는 재배 방법이지요.

세계 물 소비량의 70%는 식량 생산에 쓰인다고 하니, 얼마나 적은 양의 물로 효율적으로 농작물을 재배할 수 있을지가 과제로 떠오르겠지요. 현재 우리가 주식으로 먹는 쌀을 재배하는 데는 많은 물이 필요하니까 아쉽지만, 쌀은 먹지 못하게 될 거예요.

또 바다가 사라지면 바닷물고기는 먹지 못해도 돔으로 보호한 강과 호수를 활용해 민물고기를 활발하게 양식하게 될 거예요.

> 사라와 지구의 소박한 궁금증 ?

바다가 갑자기 사라지면 그 자리는 진공이 되는 것 아니야?

맞아요. 바닷물이 갑자기 '확' 하고 사라지면, 그때까지 바다였던 자리는 진공이 되겠지요. '진공'은 공기조차 존재하지 않는다는 뜻이에요. 그래서 일단은 진공을 메우듯 세차게 공기가 그 자리로 흘러 들어가게 될 거예요.

이때 물론 중력도 작용하니까 공기는 중력에 끌려서 낮은 곳에 머무르게 될 거예요. 그래서 과거의 해저 면이 새로운 1기압의 기준면이 되는 것이고요.

하지만 모처럼 나온 얘기니까 다른 경우도 상상해 봅시다. 예를 들어 바닷물이 갑자기 '확' 하고 사라지지 않고 해면에서 증발하듯이 사라진다면 어떻게 될까요? 바다가 대기 속으로 서서히 사라지겠지요? 앞에서는 바닷물에 녹아 있는 염화 나트륨 등도 함께 사라진다는 전제로 이야기를 했는데, 증발한다는 상상도 가능할 거예요.

'바다가 사라진다면'이라는 상상을 할 때, '바다가 사라진다는 건 어떤 의미지?', '사라질 때는 어떤 식으로 사라진다는 거야?'에 관해서도 꼭 생각해 보세요. 예를 들어 '만약 증발해서 사라진다면 바다 밑바닥에 대량의 소금이 남을 것 아냐!' 같은 재미있는 상상도 할 수 있을 테니까요.

> 알아두면 도움되는 보너스 강좌 ⑨

꽤 많은 것 같지만 바닷물의 양은 의외로 적다

이 사진은 지구상의 물의 양을 구로 나타내어 지구의 크기와 비교한 것이에요.

푸른색의 작은 구가 3개 보이는데 가장 큰 것이 지구상의 모든 물을 합한 양이에요. 다시 말해 바닷물, 빙하, 호수, 강, 지하수, 대기 중의 물, 생물의 체내에 있는 물까지 모두 합해도 저만큼밖에 되지 않는대요. 저 중 97%가 바닷물이고요.

우리에게 바닷물은 무한한 것처럼 느껴지지만, 지구 전체를 놓고 보면 표면을 덮는 얇은 필름 같은 거예요. 의외로 적은 양이라는 것을 알 수 있지요.

두 번째 푸른색 구는 액체로 존재하는 담수의 양이에요. 지하수, 호수, 연못, 강 등인데 그 99%는 지하수이고 대부분 이용할 수 없어요.

그리고 두 번째 구 아래 하얀 점처럼 보이는 가장 작은 구가 호수와 강 등 실제로 이용할 수 있는 음용수의 양이랍니다.

※사진 출처: USGS(미국지질조사국) 공공저작물 영상

알아두면 도움되는 보너스 강좌 ⑩

우리는 해저 지형보다 먼 곳에 있는 화성 표면을 더 잘 안다

사람들은 탐사기를 통해 지구에서 아주 멀리 떨어져 있는 화성의 표면 지형에 관해 거의 100% 밝혀냈답니다. 달 표면에 관해서도 거의 다 알고 있어요.

그런데 우리가 사는 지구의 표면에 관해서는 자세한 지형을 잘 알지 못하고 있어요. 왜냐하면 지구에는 바다가 있기 때문이죠.

지구 표면의 약 70%는 바다로 뒤덮여 있어요. 그리고 전체 해양의 80% 이상이 아직 미지의 세계예요. 해저의 지형은 항공 사진으로는 알 수 없기 때문에 음파를 이용해서 탐사해요. 특수한 소리를 해저 면에 쏜 뒤, 되돌아오는 소리를 수신해서 해저 지형의 높낮이를 알아내는 방법이지요. 그런데 이 방법은 배나 잠수정의 항로를 따라 좁은 범위밖에 조사할 수 없어서 시간과 돈이 아주 많이 든답니다.

그렇지만 해저 지형은 자원 탐사와 쓰나미 예측 등에 중요하기 때문에 현재 적극적인 조사가 이루어지고 있어요. 구글 맵의 위성 지도로는 대략적인 해저 지형을 볼 수 있지요? 그것은 음파를 이용한 탐사 결과와 인공위성 데이터(해면의 높이 등)를 조합해서 최대한 정확하게 추정한 해저의 지형이라고 해요.

알아두면 도움되는 보너스 강좌 ⑪

바다가 사라지면 맨틀에서 물을 끌어올리게 될지도 모른다

돔을 만들어 생활용수를 완전하게 재활용하고, 지하수와 빙하에서 물을 확보한다고 해도 바다가 없다면 언젠가는 물 부족에 직면하게 될 거예요.

그러면 살아남은 인류는 맨틀의 암석에서 물을 뽑아 올리게 될지도 몰라요. 사실 지구 내부의 맨틀에는 지구가 형성되던 시기에 대량의 물이 휩쓸려 함유되었어요.

맨틀 속 물은 지하수 같은 액체가 아니라 암석의 일부로 존재하지요. 상상하기 어렵지요?

한 가지 예를 들면, 맨틀을 이루는 암석 중에 링우다이트(첨정감람석)라는 광물이 있는데 이 광물은 무게당 약 1%의 물 분자를 포함한다고 해요. 그리고 이런 암석 속의 물을 다 합하면 바닷물의 0.5~5배나 된다고 해요.

맨틀의 암석은 아주 깊은 곳에 있어서 현재의 기술로는 채굴할 수가 없어요. 하지만 바닷물이 사라져서 극도의 물 부족에 시달리는 세상이 오면 인류는 새로운 물을 찾기 위해 필사적으로 맨틀의 암석을 파내게 될지도 몰라요.

제6장

만약 햇빛이 사라진다면?

태양은 우리에게 따뜻한 햇빛을 비춰 줘요.
태양 덕에 낮이 있고
풀과 나무, 동물들도 무럭무럭 자랄 수 있지요.
또 요즘은 태양광 발전이 많아져서
햇빛은 재생 가능 에너지의 주역으로도
주목받고 있어요.
이런 햇빛이 어느 날 갑자기 사라진다면
지구는 어떻게 될까요?

이 점이 좋다!!
나가서 놀자!
어? 피부가 타지 않아!

볕에 타지 않아 뽀얀 피부를 유지할 수 있다

햇빛이 사라진다는 말은 줄곧 밤이라는 뜻이에요. 늘 어두우니 자외선을 쐴 일이 없을 거예요.

피부가 타는 원인은 자외선이잖아요? 밝은 빛이 있다고 다 타는 것이 아니라 햇빛 안에 포함된, 눈에 보이지 않는 자외선이 피부를 태우는 거예요. 그러니까 햇빛이 사라져서 자외선을 쐴 일이 없게 되면 피부는 뽀얀 상태를 그대로 유지하겠지요. 그럼 우리 모두 우윳빛 피부를 가지게 될지도 몰라요. 선크림도 바르지 않아도 되고, 볕에 타서 생기는 기미나

주름도 확 줄어들겠죠.

또 볕에 탈 일이 없으니 피부암에 걸릴 우려도 적다는 장점이 있겠네요. 피부암은 강한 자외선에 오래 노출되면 걸리기 쉽다고 알려져 있거든요. 그 외에 눈에도 좋을 거예요. 백내장 등 안과 질환에 걸릴 걱정도 사라지거든요.

다만, 피부가 지나치게 하얘서 창백하게 보일 수도 있는데 그럴 때는 적당히 태닝 숍을 이용하면 좋겠지요? 기미나 주름, 피부암과 안과 질환 걱정 없이 피부를 태울 수 있을 거예요.

여러분이 만약 '저녁형 인간'이라면 햇빛이 사라진다는 말을 듣자마자 남보다 더 환영할지도 모르겠네요. 늘 '나는 낮보다 밤에 집중이 더 잘 돼.'라거나 '밤새 게임하고 싶다……'라는 생각을 했을 테니까요.

하지만 햇빛을 하찮게 여기면 안 돼요! 아마 햇빛이 사라지면 곤란한 점이 한둘이 아닐걸요.

이 점이 조금 아쉽다!
얘들은 볼 수 없지만, 쟤들은….

밤하늘에서 달과 행성이 사라진다

달은 햇빛을 반사하기 때문에 밝게 빛나는 거예요. 그러니 햇빛이 사라지면 밤하늘의 달은 환하게 빛날 수가 없어요. 이건 다른 행성들도 마찬가지예요. 행성도 햇빛을 반사하기 때문에 빛을 내는 것처럼 보이는 것이거든요. 수성, 금성, 화성, 목성, 토성 등 태양의 주위를 도는 행성들도 햇빛이 사라지면 밤하늘에서 자취를 감추게 돼요.

지구의 바로 안쪽 궤도를 도는 금성을 예로 들어 볼까요? 달보다 훨씬 작지만, 워낙 밝아서 누구나 본 적이 있을 거예요. 강아지가 밥 달라고 보채는 해 질 녘에 뜨는 별이라고 해서 '개밥바라기'라는 이름으로도 부르지요. 그야말로 가장 먼저 뜨는 별이에요. 그런데 해가 없으면 더 이상 볼 수 없겠지요.

한편 평소 밤하늘에 반짝이는 달과 행성 말고 다른 별들은 태양처럼 스스로 빛을 내는 '항성'이에요. '항상' 같은 장소에 있는 별, 위치가 변하지 않는 별이라는 뜻에서 '항성'이라 부르지요. 항성은 굉장히 멀리 있는 태양이라고 생각할 수 있어요.

다시 말해 햇빛이 사라져도 밤하늘의 모든 별이 사라지는 것은 아니라는 말이지요. 사라지는 것은 햇빛을 반사하는 달과 행성이고, 그 외의 항성은 지금처럼 계속 반짝이고 있을 거예요. 조금은 안심이 되지요?

이 점이 함정…
부지런한 사람이 잠꾸러기로 변한다?!

체내 시계의 주기가 흐트러진다

사람과 동물의 몸에는 '체내 시계'라는 것이 있는데 이 시계는 대략 24시간 만에 한 바퀴를 돌아요.

사람은 아침에 일어나 밤에 잠드는 생활을 24시간 주기로 반복하지요. 우리의 생활 리듬이 이렇게 정해진 것은 지구의 자전 때문에 낮과 밤이 24시간마다 반복되기 때문이에요. 그런데 우리 체내 시계의 리듬도 이와 거의 일치한답니다. 다시 말해 지구의 자전과 상관없이 우리 몸에는

대략 24시간 주기의 생활 리듬이 돌아가고 있다는 말이지요.

여기서 '대략 24시간'이라는 부분을 눈여겨봐야 해요. 사실은 개인차가 있는 데다가 사람마다 한 바퀴의 길이가 미묘하게 다르거든요.

이와는 달리 지구의 자전은 '정확히 24시간'이에요. 그러다 보니 체내 시계와 지구의 자전은 그 리듬이 갈수록 조금씩 어긋나게 되어 있어요. 그런데도 거의 일치하는 것처럼 느끼는 이유는 체내 시계가 아침마다 햇빛만 보면 처음부터 다시 돌아가는 시스템이기 때문이에요.

아침에 눈을 떠서 햇빛을 쐬면 체내 시계의 바늘이 0으로 돌아가거든요. 체내 시계는 그때부터 다시 '대략 24시간' 동안 또 돌아간답니다. 그러다가 하루가 끝날 무렵에는 지구의 자전과 조금 어긋나 있으니 다음 날 아침 햇살을 맞고 0에서부터 다시 시작하지요. 이런 식으로 지구의 자전과 체내 시계는 서로의 리듬이 마치 일치하는 것처럼 조절 과정을 거치고 있어요.

만약 햇빛이 사라지면, 아침 햇살을 맞고 조절하는 과정을 거칠 수가 없으니 체내 시계의 주기는 지구의 자전 주기와 크게 어긋나 버릴 거예요. 그럼 아침에 일어나지 못하고, 밤에 자지 못하는 일도 생기겠지요.

누나 지각이야!! 7시 넘었다고!

따리리

체내 시계의 24시간 리듬을 생체 리듬이라고도 불러요.

이 점이 해롭다!
왠지 몸이 쭈글쭈글?
다들 영양 결핍이야.

비타민 D가 모자라 영양 결핍에 빠진다

햇빛은 사람에게 필요한 영양소와도 관련이 있어요. 그 영양소란 '비타민 D'를 말하죠.

비타민 D는 칼슘과 인의 흡수를 돕기 때문에 뼈를 튼튼하게 하는 데 없어서는 안 되는 존재지요. 비타민 D가 부족하면 뼈에 구멍이 숭숭 뚫리는 '골다공증'의 원인이 되기도 하니까 잘 챙겨야 해요.

그런데 놀랍게도 우리 몸은 비타민 D를 만들어 낼 수 있답니다. 햇빛

안에 포함된 자외선을 쐬면 피부 속에 비타민 D가 만들어져요. 참 신기하지요?

그 덕분에 일상생활만 해도 비타민 D 부족은 걱정하지 않아도 된답니다. 평소에 햇빛만 잘 쐬면 우리 몸은 충분한 비타민 D를 만들 수 있고, 그 결과 뼈도 튼튼하게 자랄 수 있다는 말이지요.

음식으로 섭취할 수도 있어요. 하지만 비타민 D가 많이 든 음식은 연어, 말린 표고버섯 정도밖에 없어요. 더구나 음식으로 먹어서 채우는 것보다 몸 안에서 만들어 쓸 때의 효율이 훨씬 높다고 해요.

그러니 만약 햇빛이 사라져서 우리 몸이 비타민 D를 만들지 못하게 되면, 그때는 심각한 비타민 D 결핍이 생길 거예요. 우리 몸에 필요한 양을 모두 음식으로 채울 수는 없을 테니 아마도 영양제를 먹을 수밖에 없겠지요.

이 점이 곤란하다…
으악, 냄새 심하다…
구석구석 말리고 싶어!

살균 효과가 사라져 온갖 병이 퍼진다

햇빛 속 자외선에는 살균 효과도 있어요. 그래서 예로부터 사람들은 햇빛이 화창한 날에는 집 안의 여러 물건을 꺼내서 말렸답니다.

이불도 그중 하나예요. 이불은 보기에 깨끗하더라도 대장균 같은 세균, 곰팡이, 진드기의 온상이 되기 쉽거든요. 세균 중에서는 특히 설사를 일으키는 세균이 문제예요. 진드기도 끈질기게 번식하는데, 이 진드기는 소아 천식과 알레르기의 원인이 돼요. 그리고 퀴퀴한 냄새를 내

는 곰팡이를 그냥 두었다가는 그 이불을 쓰는 사람이 알레르기성 폐렴을 앓을 수도 있어요. 이들이 모두 병을 일으키는 원인이 되다니 놀랍지요?

그런데 이불을 햇빛에 말리면 세균을 모조리 없앨 수 있고, 곰팡이와 진드기가 늘어나는 것도 막을 수 있어요.

이불뿐 아니에요. 신발을 햇빛에 말리면 무좀의 원인균을 제거할 수 있고, 빨래를 말리면 곰팡이가 늘어나는 것을 막아 냄새가 나지 않는 효과를 얻을 수 있답니다. 요즘은 빨래를 실내에서 말리는 집이 많은 것 같은데, 실외에서 말리면 자외선을 이용한 소독도 되고 바람 덕분에 빨리 마르는 장점도 있어요.

그 외에 세균은 주방용품에도 많아요. 도마와 수세미, 행주 등에 세균이 득실거리면 식중독의 원인이 돼요. 깨끗하게 씻은 뒤, 햇빛에 잘 말려야 세균이 늘어나지 않아요.

이렇게 살펴보니 햇빛은 우리가 손쉽게 쓸 수 있는 자연 살균 도구라는 점을 알 수 있지요? 햇빛은 맑은 날 하늘에서 쏟아지는 소독 스프레이나 마찬가지지요. 바이러스도 대부분은 자외선을 쐬면 증식을 멈춘다고 알려져 있어요.

만약 햇빛이 사라지면 살균 효과도 사라져서 온갖 병이 퍼질지도 몰라요.

기침이 심해서 이불 밖으로 나갈 수가 없어~

세균은 오염과 수분을 좋아해요.
햇빛에 말릴 수 없으면
이불을 통째 세탁하세요.
진드기의 크기는
약 0.2~0.5밀리미터예요.

> **이 점이 심각하다!**
> 산소를 내놔!
> 내놓으라고!

식물이 광합성을 못 해 산소가 사라진다

광합성이란, 식물이 물과 이산화 탄소를 이용해 녹말과 산소를 만들어 내는 화학 반응이에요. 태양의 빛 에너지가 있어야 일어나는 반응이지요. 다시 말해 태양의 빛 에너지가 없으면 식물은 녹말과 산소를 만들어 낼 수 없다는 말이에요.

산소는 우리 생물이 숨을 쉬는 데 없어서는 안 되는 물질이죠. 숨을 쉴 수 없으면 살 수 없으니 산소가 사라진다는 것은 엄청난 문제예요.

또 광합성이 만들어 내는 또 하나의 생산물인 녹말도 아주 중요한 물

그런다고 될 일이 아냐.

질이에요. 녹말은 식물의 몸을 구성하는 재료이기 때문에 광합성을 할 수 없는 식물은 성장할 수 없어서 결국 죽고 말아요.

식물이 죽으면 우리는 먹거리를 잃어요. 우리는 식물도 먹지만, 식물을 먹는 동물도 먹기 때문에 그 둘을 다 잃는다는 것을 명심해야 해요. 물고기도 바다의 식물 플랑크톤이 사라지면 마찬가지로 사라지겠죠.

이렇게 식물이 광합성을 할 수 없으면 우리는 산소뿐 아니라 먹거리까지 함께 잃게 될 거예요. 이 말은 곧 숨 쉬는 것, 먹는 것이 모두 불가능해진다는 뜻이에요. 앞에서 '이산화 탄소가 사라졌을 때'도 '식물이 광합성을 할 수 없다'라는 내용이 나왔지요. 그런데 햇빛이 사라졌을 때의 결과가 훨씬 심각하다고 할 수 있어요. 왜냐하면 이산화 탄소는 다시 만들어 내면 어떻게든 사람이 살아갈 수 있었지만, 햇빛은 '만들어 낼' 수가 없기 때문이에요. 전등 같은 인공적인 빛으로도 광합성을 할 수는 있지만, 양이나 효율 면에서 태양에 크게 못 미치거든요.

> 이렇게 추워진다!
> 해가 떠오를 때까지 기다리자!

지구 전체가 얼음에 뒤덮인다

　창가에 앉아 해바라기를 해 본 사람은 누구나 공감하겠지만, 햇빛이 없는 세상은 너무 추울 거예요. 원래 하루의 기온은 낮 동안에 올라갔다가 밤에 내려가지요. 그런데 줄곧 밤만 이어지면 기온은 계속 내려갈 수밖에 없어요.

　지구의 평균 기온이 약 15도 부근에서 안정적으로 유지되는 것은 태양에서 지구로 들어오는 빛 에너지와 지구에서 나가는 열에너지가 거의 같기 때문이에요. 그런데 태양으로부터 들어오는 빛 에너지가 사라지면

그 균형은 깨지는 거지요.

지구의 46억 년 역사 중에는 한때 '눈덩이 지구'라고 부를 만큼 지구 전체가 꽁꽁 얼어붙었던 극심한 빙하기가 있었다고 해요. 그것도 세 번이나 말이에요. 대략 22억 년 전, 7억 년 전, 6억 년 전이었다고 하는데 물론 그 원인은 '햇빛이 사라졌기 때문'은 아니에요. 지금도 햇빛이 제대로 도달하고 있으니까요.

눈덩이 지구가 발생한 원인은 남극과 북극에서 빙하가 커진 탓이라고 생각되고 있어요. 빙하는 햇빛을 반사하기 때문에, 어떤 이유 때문인지 빙하가 커지자 태양에서 지구로 들어오는 빛 에너지가 줄어서 지구의 온도가 내려갔어요. 이를 계기로 빙하는 더 커졌고, 햇빛은 점점 더 많이 반사되었죠. 그렇게 해서 지구는 순식간에 눈과 얼음으로 완전히 얼어붙은 거예요.

빙하의 크기가 커졌다고 해서 지구 전체가 얼었다고 하면 믿기 어렵다고 할지도 모르겠어요. 하지만 그만큼 햇빛과 지구의 기온은 절묘한 균형을 이루고 있답니다.

그래서 햇빛이 사라지면 지구 전체가 얼음으로 뒤덮이는 사태를 결코 피할 수 없다고 보는 거죠.

과거의 '눈덩이 지구' 상태를 벗어난 것은 화산 활동으로 대기 중의 이산화 탄소가 늘어 온실 효과가 커졌기 때문으로 추측되고 있어요.

이런 미래가 온다!
지하에서도 살 수 있어?
아마도 그럴걸!?

그 결과,
이렇게 살게 될지도!?

① 얼어붙을 것을 예상해 지하로 이주한다

햇빛이 사라지면 지구 전체가 얼어붙는 사태를 피할 수 없다고 했지요? 그러니 얼음 아래, 가능하면 지하에 피난처를 만들고 그 안에서 생활하게 될 거예요.

그 지하 시설은 아주 넓어야 할 거예요. 왜냐하면 사람은 물론이고 동

물과 식물까지 모두 이주해야 하니까요. 사람들은 지하 시설 안에서 추위를 피할 뿐 아니라 식물을 키우고 산소를 만들어 내서 여러 동물이 살아갈 수 있는 환경까지 만들게 될 거예요.

② 전등으로 광합성과 체내 리듬을 조정

지하 시설에서 식물을 키울 때는 전등을 이용한 광합성 방법을 쓸 거예요. 햇빛보다는 효율이 떨어지지만, 인공 빛으로도 광합성은 가능하니까요. 일단은 지하로 이주시킨 식물을 전등 빛으로 키울 거예요.

식물이 살아남아야 산소도 식량도 얻을 수 있을 테니까 최대한 많은 식물을 심어서 잘 키우겠지요. 이때 재배하는 식물에는 큰 제약이 없을 거예요.

태양에서 오는 열이 없어도 지구 내부에 있는 열(지열)은 이용할 수 있어요. 지하는 생각보다 따뜻하거든요.

식물 재배에 전등을 이용하는 김에 인공적으로 낮과 밤의 리듬을 만들면 사람과 동물의 체내 시계도 전처럼 작동시킬 수 있을 거예요. 지구 자전에 따른 24시간 리듬은 사라지더라도 체내 시계는 여전히 '거의 24시간'이니까 지하 생활을 하더라도 하루 24시간 리듬으로 생활하는 것이 좋겠죠.

또 식물이 광합성을 할 때는 빨간색 빛과 파란색 빛이 주로 이용되니까 농업에는 전용 특별 전등이 사용될지도 모르겠네요. LED(발광 다이오드)를 쓰면 일부 색만 내는 빛으로 효율적으로 농사를 지을 수 있을 거예요.

이런 방식으로 농작물만 잘 재배할 수 있다면, 그 외의 전등은 조금 어두워도 큰 문제 없으니 전기를 많이 절약할 수 있을 거예요. 지하에서 생활할 때는 전기가 아주 귀하기 때문에 절전 계획도 잘 짜야 할 거예요.

③ 자외선이 포함된 전등

또 지하에서 쓰는 전등 빛에는 자외선도 섞는 게 좋을 거예요.

우리 눈에 보이는 빛과 우리 눈에 보이지 않는 자외선은 둘 다 '전자파'라 불리는데 친척 같은 관계라 할 수 있어요. 빛을 내는 전등처럼 자외선을 내는 전등도 있지요.

그런데 인공 빛에 자외선을 섞으면 사람은 체내에서 비타민 D를 합성할 수 있게 되고, 이불이나 빨래에 쐬어 적당한 살균 효과도 얻을 수 있을 거예요.

> 사라와 지구의 소박한 궁금증 **?**

만약 햇빛이 아니라 해가 사라지면 어떻게 되지?

6장의 주제는 '햇빛이 사라진다면'이었지만, 햇빛이 아니라 '해'가 사라진다면 상황은 또 달라지겠죠. 빛만 사라졌을 때와 가장 큰 차이는 태양의 인력이 주는 영향이 사라진다는 점일 거예요.

지구는 365일 걸려서 태양 주위를 공전하지요. 지구의 공전은 태양이 지구를 끌어당기는 인력이 있어서 가능한 거예요. 태양이 없어서 인력도 사라진다면 지구는 그 주위를 돌 이유가 없으니 그 순간의 속도를 유지한 채 태양계 밖으로 날아가 버릴 거예요.

다른 행성도 마찬가지예요. 수성, 금성, 화성, 목성, 토성 등이 모두 뿔뿔이 흩어지는 상황이 발생하겠죠. 다시 말해 태양계가 무너지는 거예요. 그리고 지구 공전의 속도가 시속 10만 8천 킬로미터니까 우리 지구는 엄청난 속도로 우주를 여행하게 될 거예요. 그러다가 태양이 아닌 다른 항성의 인력에 붙잡히면 그 주위를 공전하게 될지도 몰라요.

또 하나는 시간이 잠깐 흐른 뒤에 햇빛이 사라진다는 점을 들 수 있겠어요. 햇빛이 지구에 도달하기까지는 8분 정도 걸리니까 실제로는 해가 사라졌어도 몇 분 동안은 '사라졌다는 사실'을 실감할 수 없는 거지요.

사라와 지구의 소박한 궁금증 ?

산꼭대기는 태양과 더 가까운데 왜 춥지?

'난로에 다가가면 따뜻해지듯이 태양과의 거리가 가까워지면 온도가 올라갈 거야. 그러니 산꼭대기에 오르면……. 어? 오히려 더 춥잖아?'

그렇죠. 산에 올라가도 따뜻하지 않아요. 태양과 지구의 거리는 약 1억 5천만 킬로미터나 떨어져 있어서 에베레스트산 정상에 올라간다고 해도 태양에 가까워졌다고 말하기 어려울 정도지요.

또 햇빛은 직접 공기를 데우는 것이 아니라 지면을 데운답니다. 그러면 따뜻해진 지면의 열이 공기를 데우지요. 그러니 땅에 가까울수록 기온이 높고 산꼭대기는 땅에서 떨어져 있는 만큼 기온이 낮은 거예요.

그리고 또 하나 중요한 게 있어요. 공기는 팽창하면 온도가 내려간다는 점이에요. 산꼭대기는 공기가 희박해서 기압이 낮지요? 지상에서 따뜻한 공기가 올라가더라도 팽창하고 나면 온도가 떨어지게 된답니다.

'공기는 지면에서 데워지고, 산꼭대기에서는 공기가 팽창한 뒤 온도가 떨어진다.' 이것이 산꼭대기가 추운 이유랍니다.

같은 이유로 1만 미터 상공을 나는 비행기도 밖은 무려 영하 50도나 될 만큼 극도로 기온이 낮답니다. 공기가 데워지고 식는 원리를 알고 나니 여러분이 있는 곳이 따뜻하고 쾌적한 이유를 알겠지요?

사라와 지구의 소박한 궁금증 **?**

하늘은 낮에 왜 파란색으로 보일까?

우리가 하늘을 올려다보는 것은 지구에서 우주를 바라보는 거라고 말할 수도 있어요. 그런데 우주 공간은 어두우니까 하늘이 검게 보여도 이상하지 않을 것 같은데 낮에 보이는 하늘은 왜 파랄까요?

하늘이 파랗게 보이는 이유는 태양 빛의 일부가 대기 중의 질소 분자, 산소 분자와 부딪혀서 '산란' 작용이 일어나기 때문이에요. 산란이란, 빛이 작은 입자와 부딪혔을 때, 그 부딪힌 입자에서도 같은 빛이 나와서 빛이 더 강해지는 현상을 말해요. 태양 빛은 무지개의 일곱 가지 색을 섞은 것이니까 그 속에는 파란색 빛이나 빨간색 빛도 섞여 있어요. 그런데 일곱 가지 색 중에서 산란 작용이 가장 강하게 일어나면서 사람 눈에 잘 보이는 색의 빛이 바로 파란색 빛이랍니다. 그래서 하늘이 파랗게 보이는 거예요. 또 빨간색 빛은 파란색 빛보다 산란 작용이 훨씬 약하기 때문에 보통 때는 눈에 보이지 않아요. 하지만 해 질 녘이 되면 태양의 위치가 변하지요? 그때는 빨간색 빛만이 우리 눈에 잘 보여요.

태양의 높이가 낮아져서 빛이 대기를 길게 통과하기 때문에 산란하기 쉬운 파란색 빛은 빠르게 사라지고, 산란하기 어려운 빨간색 빛이 마지막까지 남아 산란 작용을 일으키기 때문이에요.

알아두면 도움되는 보너스 강좌 ⑫

지구가 얼어붙으면 지열 에너지가 대활약을 펼칠 것!

앞에서 지구 전체가 얼어붙은 뒤, 지하 시설 안에서 인공 빛(전등)으로 식물에 광합성을 일으킨다는 이야기를 했지요?

태양 대신 전등을 이용하면 엄청난 전력이 필요할 거예요. 그 에너지는 어디서 확보해야 할까요?

아마도 인류는 지열 에너지를 충분히 활용할 것으로 예상돼요.

화산 지대의 지하에는 마그마가 있지요. 그런 곳에는 늘 마그마의 열에 의해 데워진 고온의 수증기가 분출하고 있어요. 그 고온의 수증기로 전기를 일으키는 '지열 발전'이라는 방법으로 전력을 얻을 수 있답니다.

또 발전에 이용한 수증기는 액체가 된 뒤에도 온도가 높으니 난방에도 쓸 수 있어요. 지상이 얼음으로 뒤덮여 있는 상황에서 정말 고마운 일이지요. 온천으로 이용할 수도 있을 거예요.

화산 지대가 아니라도 지구 내부는 깊이 파면 팔수록 온도가 높으니까 그 열을 이용해서 추위를 해결할 수도 있을 거예요. 태양의 온기가 사라진 세상에서는 지구 자체의 열에 의존할 수밖에 없을 테니까요.

제 **7** 장

만약 자전이 사라진다면?

지구는 1년 365일 쉬지 않고 빙글빙글 돌고 있어요.
'지구의 자전'이라 불리는 이 회전은
46억 년 전, 지구가 탄생했을 때부터 계속되고 있고
지금껏 단 한 번도 멈춘 적이 없지요.
만약 어느 날 갑자기 이 회전이 멈춘다면
지구는 어떻게 될까요?

이 점이 좋다!!
매번 이렇게 풍년이야?
수확할 때마다 대박!

해가 지지 않아
채소와 과일이 모두 잘 자란다

매일 낮과 밤이 반복되는 것은 지구가 24시간 주기로 자전을 하기 때문이에요. 태양 쪽을 바라보는 지역이 낮인데, 12시간 뒤에는 그곳이 밤으로 변하죠. 우리는 이를 당연하게 여겨요.

그런데 지구의 자전이 멈추면 그 순간에 낮이었던 지역에서 해가 지지 않게 돼요. 길게는 6개월 동안 낮이 이어지죠. 왜냐하면, 지구는 태양의 주위를 1년에 한 바퀴 돌기 때문에 자전이 멈춘다고 하더라도 1년에 한 번은 낮과 밤이 바뀌니까요.

말하자면 하루가 24시간에서 365일로 늘어나는 거예요.

식물은 햇빛을 받는 시간이 길어져서 광합성을 충분히 할 수 있으니까 잘 자라겠지요. 게다가 기온도 올라갈 테니 전에는 추워서 식물이 잘 자라지 못하던 지역에도 풀과 나무가 우거지게 될 거예요. 숲의 면적도 넓어질 거고요.

물론 농사를 지을 수 있는 땅도 넓어져서 채소나 과일의 수확량이 세계적으로 늘어날 거예요. 인구 증가로 인한 식량 부족 문제도 일단은 안심이겠네요. 지구의 자전이 멈추는 게 그리 나쁜 일만은 아닐지도 몰라요.

하지만 기분 좋은 변화는 이 정도가 다예요. 말도 안 되는 일들이 차례로 일어날 테니까요.

365일을 시간으로 바꾸면 8760시간. 참 긴 시간이네요.

**이렇게 튕겨 나간다!
갑자기 멈추면 절대 안 돼!**

급정거한 지하철 안 승객처럼 앞으로 고꾸라진다

사실 지구의 자전 속도는 굉장히 빨라요. 적도 부근은 시속 1670킬로미터나 되지요. 속도는 위도에 따라 다르지만, 서울에서도 또 일본의 수도인 도쿄에서도 시속 1350킬로미터 정도는 된답니다.

우리가 그 속도를 느끼지 못하는 이유는 우리도 지구와 함께 움직이고 있기 때문이에요. 마치 움직이는 지하철에 타고 있는 상태처럼 말이에요. 지하철에 타고 있는 사람은 지하철과 함께 움직이기 때문에 손잡이를 잡지 않고도 바로 서 있을 수 있지요.

제7장 만약 **자전**이 사라진다면?

 자전이 멈춘다는 것은 지하철이 급정거한 상태라고 할 수 있어요. 승객들은 보이지 않는 힘(관성의 힘) 때문에 앞으로 고꾸라지겠지요.

 이때 '앞으로 튕겨 나가는 힘'은 지하철이 완전히 멈출 때까지 걸리는 시간이 짧으면 짧을수록 셀 거예요. '끼익!' 하는 굉음을 내면서 몇 초 걸려서 멈출 때와 어딘가에 부딪혀서 한순간에 '쿵!' 하고 멈출 때를 비교하면, 한순간에 멈출 때가 훨씬 세게 튕겨 나가요. 지구의 자전도 마찬가지예요.

 지구의 자전이 사라질 때, 지하철이 천천히 브레이크를 밟듯이 조금씩 멈추면 큰 영향이 없을 거예요. 하지만 어느 날 갑자기 1초 만에 딱 멈추면 정말 큰일이 벌어질 거예요. 적도 부근에 있는 사람들은 자기 몸무게의 수십 배나 되는 힘을 받아 튕겨 나가게 될 테니까요.

 또 사람이나 물건만 그렇게 튕겨 나가는 것은 아니에요. 지구의 대기에도 같은 힘이 작용할 테니 우리는 바람과 함께 날아갈 거예요. 그 풍속은 대략 잡아도 태풍의 20배 이상일 거예요. 엄청난 폭풍이지요?

 그래서 너무 갑작스럽게 자전이 멈추면 우리는 전멸할지도 몰라요. 그러니 꼭 멈출 거라면 최대한 천천히 멈춰 줬으면 좋겠다는 생각이 드는 거지요.

> 우리가 지구의 자전 속도를 못 느끼는 건 속도가 거의 완벽하게 일정하기 때문이에요. 달이 조금씩 제동을 걸지만, 느껴지지 않지요.

이건 못 본다…
폭풍을 보고 싶다고?
이제 그런 거 없어!

대기가 휘돌지 않아
태풍이 발생하지 않는다

    이번에는 지구가 급정거한 뒤, 어느 정도 시간이 흘러 상황이 안정됐을 때의 이야기예요. 태풍에 관한 이야기죠. 태풍은 적도 근처 바다에서 발생해요. 그곳은 바닷물의 온도가 높아서 바닷물 부근의 공기도 금세 온도가 올라가지요. 따뜻해진 공기는 부풀어 오르면서 무게가 가벼워져요.

    공기가 가벼워지면 그 장소의 공기가 희박해져서 기압이 낮아지죠. 그리고 희박해진 공기 자리를 메우기 위해 주변에서 바람이 불어 들어와요.

    자, 여기서 궁금증이 생길 거예요. '불어 들어오는 바람은 왜 소용돌이치는가?' 하는 점이죠. 지구가 자전하기 때문이에요. 아무리 똑바로 나아가려 해도 지구의 자전 때문에 진로가 휘어지는 현상이 일어나서 그렇답니다. 바람뿐 아니라 비행기에서도 같은 현상이 일어나요. 북반구에서는 나아가고자 하는 방향에서 오른쪽으로 휘고, 남반구에서는 왼쪽으로 휘지요. 그러니까 기압이 낮아져 공기가 희박해진 장소(저기압이라 불러요)에 불어 드는 바람도 몰려드는 과정에서 오른쪽으로 휘게 되는 거예요. 그런데 저기압의 중심을 향해 빨려 들어가던 중이기 때문에 오른쪽으로 가던 바람들이 다시 왼쪽으로 되돌아가는 모양이 나타나겠죠? 그 결과, 시계 반대 방향의 소용돌이 바람, 즉 태풍이 나타나는 거지요.

    이처럼 태풍은 저기압으로 불어 드는 바람이 지구 자전의 영향을 받아 소용돌이를 이루기 때문에 생기는 거예요. 따라서 지구의 자전이 멈추면 태풍도 발생할 수 없게 된답니다.

> 태풍과 상관없이 저기압은 생겨요. 또 자전 외에
> 다른 이유로도 소용돌이는 생길 수 있답니다.

이 점이 싫다!
몸무게 때문에 이사?
필요 없다니까!

적도 부근에서 몸무게가 약간 무거워진다

몸무게란 몸에 작용하는 중력의 크기를 말하죠. 예를 들어 체중계에 올랐을 때 '60킬로그램중*'이라고 표시되면, 그 몸이 60킬로그램의 중력을 받아 체중계를 누르고 있다고 이해하면 되는 거예요.

그러니까 체중은 중력의 크기에 따라 변하겠죠? 지구의 중력은 장소에 따라 조금씩 다르기 때문에 같은 사람이라도 다른 장소에서 재면 몸무게는 달라진답니다.

그럼 중력의 크기는 구체적으로 어떻게 차이가 날까요? 이때 중요한 것이 지구의 자전이에요.

지구가 자전할 때, 지구 표면의 물체에는 '원심력'이라고 하는 외부를 향하는 힘이 작용해요. 지구가 물체를 내부로 끌어당기는 힘을 인력이라 하는데 인력에서 원심력을 뺀 것이 '중력'이죠. 그러니까 원심력의 영향력이 큰 장소일수록 중력은 작아져요.

적도 부근은 자전의 중심축에서 가장 머니까 원심력이 크게 작용하고, 게다가 원심력과 인력이 정반대 방향으로 작용해서 서로의 힘을 상쇄하는 장소이기도 해요. 그러니 원심력의 영향력이 가장 크고 중력이 가장 작은 장소가 되는 거지요.

그런데 지구의 자전이 사라지면, 원심력이 사라지고 인력만 남아요. 그렇게 되면 지금까지 가장 몸무게가 가볍게 나오던 적도 부근에서도 다른 장소와 마찬가지의 결과가 나올 거예요. 그 결과, 적도 부근에 사는 사람들의 몸무게는 늘어나겠죠.

단, 원심력은 인력보다 훨씬 작아서 몸무게가 60킬로그램중인 사람도 고작 230그램 정도 늘어나고 말 것으로 예상된답니다.

* 우리가 흔히 몸무게를 측정할 때 킬로그램을 단위로 사용하지만, 여기에는 '중(重)'이 생략되어 있는 거랍니다.

> **이 점이 힘들다…**
> 기온 차가 극심하니
> 날마다 이사…!

낮인 지역은 펄펄 끓고
밤인 지역은 꽁꽁 언다

지구의 자전이 사라지면, 낮은 최대 6개월이나 이어져요. 낮이 이렇게 길어지면 기온도 많이 오르지요. 현재 하루의 기온이 낮에 올랐다가 밤에 떨어지는 것을 생각하면, 얼마나 더워질지 상상할 수 있을 거예요.

다만 지구 전체의 기온이 높아지는 것은 아니에요. 낮에 해당하는 지구의 반쪽은 펄펄 끓겠지만, 햇빛이 닿지 않는 지구 반대편(밤에 해당하는 부분)은 꽁꽁 얼어붙는 거예요. 낮과 밤의 온도 차가 극단적으로 벌어

진다는 뜻이지요.

　지구의 대부분 지역이 뜨겁거나 차가운 날씨 중 하나로 변해 버리면, 채소와 과일이 잘 자라는 지역은 존재할 수 없을 거예요. 아니, 더 나아가 그런 극단적인 온도 변화 상황을 벗어나지 않으면 식물, 동물, 사람이 살아남을 수조차 없답니다.

　자, 그럼 어디로 피해야 할까요?

　사실은 지구의 자전이 멈추어도 너무 덥거나 너무 춥지 않은 지역이 조금은 존재해요. 해 뜰 녘이나 해 질 녘에 해당하는 지역, 그리고 지구의 공전 면과 수직을 이루는 지구의 최북단과 최남단이에요.

　자전이 사라진 지구는 공전을 통해 1년에 한 번, 낮과 밤이 바뀌지요? 이때 지구상에는 해가 뜨는 지역, 해가 지는 지역이 생기게 돼요. 그 위치는 시시각각 바뀌지만, 그곳에서는 극단적인 기온을 벗어날 수 있으니 그나마 살아남을 수 있는 거지요.

　또 지구의 최북단과 최남단은 1년 내내 두 가지 극단적인 기온의 경계에 있게 돼요. 따라서 이곳도 비교적 살기 좋은 장소가 될 거예요.

직접 이동할 수밖에 없어. 가자! 낮과 밤의 교차 지점으로!

볕에 타들어 가는 곳도 있지만, 바다에서 증발하는 수분량도 많아서 장소에 따라서는 호우나 홍수가 일어나기도 할 거예요.

이 점에 무방비!
전보다 방어벽이 약해진 것 같아.

지구 자기장이 사라져 우주의 위협에 그대로 노출된다

'지구 자기장' 즉 '지자기'는 지구가 가진 자석의 성질을 말해요. 지구는 마치 내부에 커다란 막대자석이 들어 있는 것처럼 자석의 성질을 띠지요.

그런데 여기서 말하는 자석은 쇳가루가 달라붙는 자석이 아니라 '전자석'이에요. 금속에 전류가 흘렀을 때 자석의 성질을 띠는 것 말이에요.

사실 지구 깊은 곳에는 걸쭉하게 녹은 철이 있는데, 얕은 곳의 철과 깊은 곳의 철이 온도 차 때문에 서로 섞이다 보니 흐름이 있어요. 그런데 철

에 전류가 흐르기 때문에 지구도 커다란 전자석이나 다름없는 셈이에요.

그런데 지구가 현재와 같은 전자석이 된 것은 그것 때문만이 아니라 자전의 역할이 크다고 알려져 있어요. 그러니까 지구가 자전을 멈추면, 지자기도 사라질지 모른다는 말이죠.

지자기는 지구를 '태양풍'과 '은하 우주선(은하 공간을 날아다니고 있는 고속의 입자)'으로부터 지켜 주는 중요한 방어벽 역할을 해요. 따라서 이 방어벽이 없으면 태양풍과 은하 우주선이 마구 쏟아져 들어오겠지요.

태양풍이란, 엄청난 속도로 몰아치는 수소 원자핵(양자)과 전자의 흐름이에요. 이 태양풍은 지구의 대기를 날려 버리고, 유해한 자외선을 늘리며, 기온을 떨어뜨려요.

또 은하 우주선이란, 우주의 여러 방향에서 날아오는 방사선인데 생물의 세포를 파괴하는 무시무시한 존재죠. 눈병과 돌연변이의 원인이 될 뿐 아니라 여러 생물을 멸종시킬 것으로 예상된답니다.

참고로 지구 자기장의 방향은 북쪽이 S극, 남쪽이 N극이에요. 북쪽이 S극이라고 해서 의아하게 여길지 모르겠지만, 나침반의 N극이 북쪽을 가리키는 것은 북쪽에는 지구의 S극이 있기 때문이랍니다.

태양풍 후~!!

지자기가 사라져도 대기가 곧 없어지는 건 아니에요. 수만 년, 또는 더 걸려서 서서히 사라질 거예요.

이 점이 변한다!
어? 좀 더
동글동글해졌는데?

원심력이 사라지면 완전한 구형을 이룬다

지구는 둥근 모양이에요. 하지만 사실은 아주 조금 상하로 찌그러진 모양인데, 그 원인은 앞에서도 등장한 원심력 때문이에요.

지구 표면의 물체에는 인력과 원심력이 작용한다고 했지요? 이 두 가지 힘은 지구를 구성하는 암석과 바닷물에도 작용하고 있어요. 원심력 탓에 인력과 원심력을 합한 힘(이것이 '중력'이지요)은 북극과 남극에서 세지고 적도 부근에서는 약해져요. 그 결과 지구는 상하 방향으로 찌그러진 모양이 된 것이에요.

그럼 얼마나 찌그러져 있는지 실제 길이를 알아볼까요?

일단 지구 중심에서 적도까지의 길이(적도 반경)는 6378킬로미터, 지구 중심에서 북극 또는 남극까지의 길이(극반경)는 6357킬로미터예요. 적도까지의 길이가 21킬로미터 더 길지요. 이 차이는 적도 반경의 약 0.3%에 불과하니까

어머!! 정말? 자전을 멈춰서 그런가~

제7장 **만약 자전이 사라진다면?**

지구 사진을 본다 해도 알아차리기 힘들어요. 그렇지만 실제로는 이렇게 조금 찌그러져 있어요.

만약 자전이 멈춘다면 원심력도 사라져서 지구는 완전한 구형이 될 거예요. 물론 당장 변하는 것은 아니고 엄청난 세월이 걸리겠지요.

그런데 태양계에는 지구 말고도 상하로 찌그러진 행성이 있어요. 가장 많이 찌그러진 행성은 토성이에요. 천체 망원경으로 촬영한 토성의 사진을 보면, 구형이 아니라는 것을 한눈에 알아볼 수 있어요.

토성은 주로 수소로 이루어진 가스 행성이라서 지구처럼 암석으로 이루어진 행성보다 변형되기 쉬워서 그렇답니다. 자전 속도도 지구보다 훨씬 빨라서 원심력이 강하기도 하고요.

이런 미래가 온다!
최북단과 최남단에 인구 밀집,
식량이 부족해요….

그 결과,
이렇게 살게 될지도!?

① 사람이 살 수 있는 곳은 지구의 최북단과 최남단뿐

자전이 멈추면 낮에 해당하는 지역이나 밤에 해당하는 지역 모두 기온의 변화가 극단적이라 사람이 살 수 없어요.

그럼 어디에 살아야 할까요? 너무 덥지도 않고, 너무 춥지도 않은 해 뜰 녘과 해 질 녘에 해당하는 지역이겠지요. 다시 말해 낮과 밤의 경계 지역일 거예요.

다만, 지구가 자전은 멈추어도 공전은 하니까 낮과 밤의 경계 지역이 조금씩 바뀐다는 점을 고려해야 해요. 그러니까 철새처럼 그 지역을 따라 조금씩 이동하면서 생활해야 한답니다.

그렇게 하면 1년에 지구를 한 바퀴 돌 테니 아주 힘들 거예요. 적도 부근으로 계산하면 한 바퀴가 4만 킬로미터니까 매달 3300킬로미터 정도를 이동해야 한다는 계산이 나오네요. 걸어서 이동하

기는 너무 먼 거리인 데다가 바다도 있고 산도 있으니 실제로 이 방법을 선택하기는 불가능할 것 같지요?

하지만 다행히 1년 내내 낮과 밤의 경계에 해당하는 지역이 있어요. 공전 면과 수직을 이루는 지구의 최북단과 최남단이죠.

이 지역이라면 이동하지 않고도 살아갈 수 있을 거예요. 한 가지 문제는 많은 사람이 모여 살 만큼 넓지 않다는 점이에요. 따라서 이런 지역이 있다고 해서 주거 문제가 해결되는 것은 아니랍니다.

② 심각한 식량 문제

더 심각한 문제는 극단적인 기온 변화로 인해 식량이 사라진다는 거예요. 설사 철새처럼 전 세계를 이동하거나 지구의 최북단과 최남단에

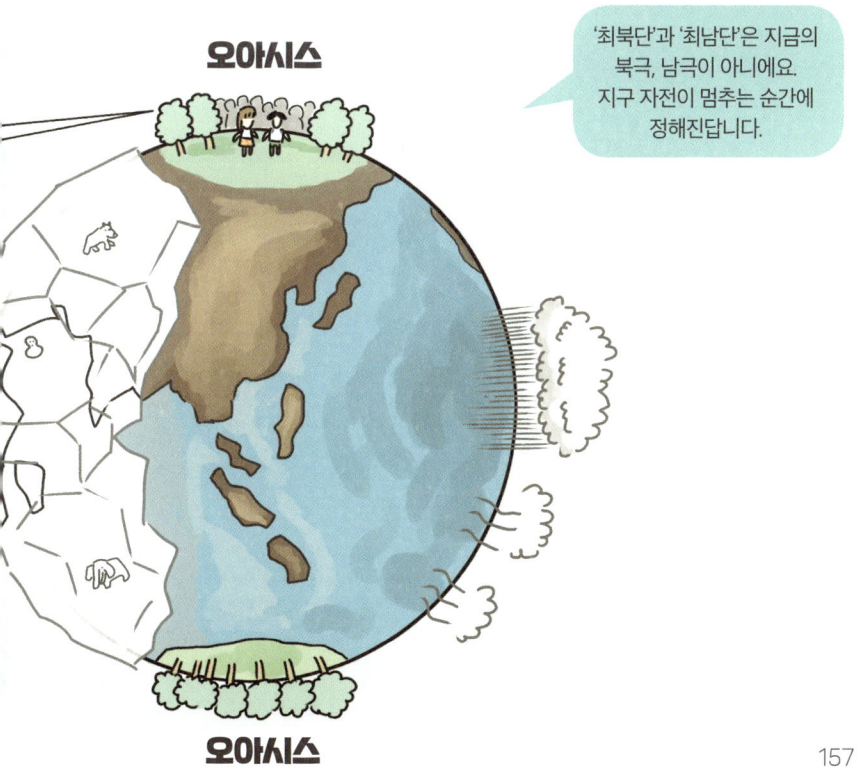

'최북단'과 '최남단'은 지금의 북극, 남극이 아니에요. 지구 자전이 멈추는 순간에 정해진답니다.

모여 살 수 있다고 해도 살 곳을 선택할 수 있는 건 사람뿐이에요.

식물은 움직일 수 없으니 모두 말라 죽고 말겠죠. 동물도 그만큼의 긴 거리를 이동할 수 없고 바다를 건널 수 없어요. 새나 물고기는 그나마 유리하겠지만, 대부분은 죽겠죠.

결과적으로 인류는 먹을 것이 사라진 지구에 남겨지게 될 거예요.

③ 늘 햇빛이 희미하니 우울하다

지구 최북단과 최남단에 사람이 살 수 있다고 해도 그곳이 결코 '쾌적한 오아시스'는 아니랍니다.

늘 해가 지평선에 걸려 있다 보니 빛이 어둡고 희미해서 우울한 느낌이 들 테니까요. 사막의 오아시스가 주는 희망적인 인상과는 몹시 다를 거예요.

그리고 앞서 지적한 식량 부족 문제가 있으니 이 지역 땅의 대부분은 농업용으로 남겨 두지 않을까요? 지금 같은 대도시가 발전해서 전기를 풍족하게 쓰는 생활은 불가능할 거예요.

이런 환경에서 살아남으려면 인류가 생활 방식을 바꾸어 자연환경과 조화를 이루어야 할 거예요. 불편하더라도 그렇게 해야 행복하게 살아갈 수 있겠지요.

사라와 지구의 소박한 궁금증 **?**

우주에는 자전하지 않는 행성도 있을까?

7장에서는 '만약 지구의 자전이 사라진다면'이라는 주제를 다뤘어요. 그런데 지구 옆에 있는 태양계의 행성인 금성에서는 이와 비슷한 일이 이미 일어나고 있답니다.

금성은 243일에 한 번 자전해요. 그리고 태양 주위를 225일 동안 한 바퀴 돌지요. 이 말은 자전과 공전의 주기가 거의 같다는 뜻이에요. 지구가 1년에 365번 자전하는 데 반해 금성은 1년에 약 한 번 자전하는 거지요. 게다가 신기하게도 금성은 태양계 행성 중에서 유일하게 자전의 방향이 공전 방향과 반대랍니다. 지구와 다른 행성들은 공전과 같은 방향으로 자전하는데 금성만은 반대예요.

그런 점을 고려하면 금성에는 1년에 두 번씩 낮과 밤이 찾아올 거예요. 그리고 낮과 밤은 둘 다 지구보다 훨씬 길겠지요. 그럼 앞에 나온 것처럼 금성에서도 극단적으로 뜨겁고 차가운 기온의 변화가 이어질까요? 아니에요. 금성의 경우, 밤낮을 가리지 않고 460도나 되는 초고온의 날씨가 이어진대요. 대기 중 이산화 탄소의 농도가 매우 높아서 온실 효과가 기온을 자꾸 올리는 데다가 고압의 대기가 낮 동안 달궈진 대기의 온도를 밤에도 줄곧 유지하기 때문이지요.

> 알아두면 도움되는 보너스 강좌 ⑬

자전이 사라지면 지구 자전을 증명하는 푸코 진자의 회전은 멈춘다

'푸코 진자'란 프랑스의 물리학자 레옹 푸코가 최초로 만든 거대한 실험용 진자를 말해요. 1851년, 푸코는 이 거대 진자를 이용해 지구의 자전을 증명했어요.

최초의 실험에서는 11미터의 튼튼한 강철 줄에 5킬로그램의 추를 달아 진자가 흔들리는 방향을 오랜 시간에 걸쳐 관찰했어요. 그러자 진자가 흔들리는 방향이 시계 방향으로 조금씩 회전한다는 사실을 알 수 있었어요. 실험 시작 후 1시간이 지나자 그 변화는 분명하게 드러났어요.

푸코 진자의 회전은 지구의 자전이 원인이에요. 그 기본 원리는 앞에서 '태풍의 방향은 진로보다 오른쪽으로 휜다.'라고 설명한 이치와 마찬가지예요. 진자의 추도 진로보다 아주 조금 오른쪽으로 휘기 때문에 이를 오랜 시간 반복하면 시계 방향으로 회전하는 거랍니다. '시계 방향'은 북반구의 이야기고 남반구에 가면 '시계 반대 방향'으로 회전해요.

푸코 진자는 파리의 판테온을 비롯해 전 세계 곳곳에 전시되어 있어요. 지구의 자전이 사라지면 이들 진자의 회전도 멈추겠지요.

MOSHIMO, CHIKYU KARA ARE GA NAKUNATTARA?
written by Katsuaki Watanabe, illustrated by Osushi Muroki
Text copyright ⓒ Katsuaki Watanabe 2021
Illustrations copyright ⓒ Osushi Muroki 2021
All rights reserved.
Original Japanese edition published by BUNYUSHA PUBLISHING Co., Ltd., Tokyo

This Korean language edition published by arrangement with
BUNYUSHA PUBLISHING Co., Ltd., Tokyo in care of Tuttle-Mori Agency, Inc., Tokyo
through Shinwon Agency Co., Seoul.

이 책의 한국어판 저작권은 신원 에이전시를 통해 BUNYUSHA PUBLISHING Co.와 독점 계약한
도서출판 그린북에 있습니다. 저작권법에 의하여 한국 내에서 보호를 받는 저작물이므로
무단 전재와 무단 복제를 금합니다.